한양도성 따라 걷는 서울기행

한양도성 따라 걷는
서울기행

최철호 지음

I'm

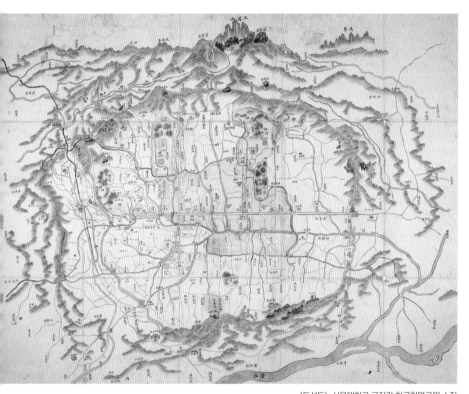

〈도성도〉, 서울대학교 규장각 한국학연구원 소장
조선 정조 연간에 제작된 작자 미상의 서울 지도

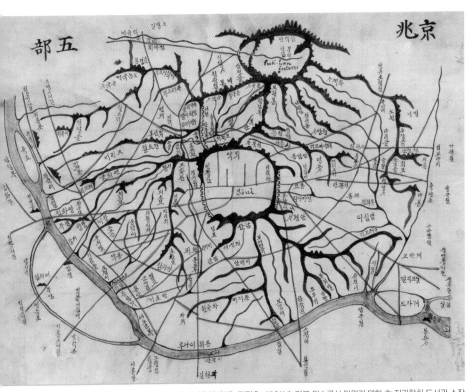

〈경조오부도〉, 《대동여지도》, 김정호, 1861년, 미국 위스콘신 밀워키 대학 內 지리학회 도서관 소장

일러두기

1. 《RPM9》에 실린 칼럼 〈최철호 소장과 함께하는 우리동네 방방곡곡〉에서 발췌하여 엮었다.

2. 크레딧 표시가 안 된 사진은 저자가 저작권을 소유한 사진이다.

3. 본문에는 지명의 옛 이름을 살리기 위해 아래와 같이 통일하여 표기했다.

· 북한산 ➡ 삼각산

· 북악산 ➡ 백악산

· 낙산 ➡ 낙타산

· 남산 ➡ 목멱산

· 덕수궁 ➡ 경운궁

600여 년의 역사를 품은 한양도성

한양도성(漢陽都城)에서는 서울의 봄, 여름, 가을, 겨울을 모두 볼 수 있다. 한양도성은 600여 년의 역사를 가진 서울의 자랑이자 서울을 재발견할 수 있는 유일한 건축물이다. 도성 안 물길과 도성 밖 물길은 한강으로 연결되어 서울을 지킨다. 한양도성을 한 바퀴 도는 '순성(巡城)'은 조선의 놀이문화이자 왕이 백성을 만나는 소통의 공간이며 믿음의 길이었다.

길이 18.627km의 성곽은 600여 년 전 조선의 수도인 한양의 안과 밖을 나누는 경계선이었다. 한양도성은 4개의 산을 자연친화적으로 이어서 만들었다. 도성 안 4개의 산인 내사산(內四山), 즉 백악산, 낙타산, 목멱산, 인왕산이 이어져 서울의 울타리가 되었다. 성벽과 성벽 사이에 4개의 성문을 만들고, 사람들을 오가게 했다.

원래 서울은 이렇게 도성 밖 성저십리 삼각산에서 한강까지였다. 성문이 닫히면 성벽이요, 성문이 열리면 사방팔방으로 길이 연결되었다. 성문과 연결된 옛길은 팔도로 가는 교통의 통로가 되었고, 한강과 연결되는 물길은 뱃길이 되었다.

높지 않은 산들이 연결되어 성곽으로 둘러싸인 서울은 하나의 거대한 산이다. 도성 안 한복판에 종묘와 사직단이 있고, 경복궁과 창덕궁, 창경궁은 산기슭과 산줄기에 모여 있다. 도성 안으로 천과 강이 흐른다. 도성을 동·서로 나누며 흐르는 10.84km 청계천 물은 중랑천에 모여 한강으로 흘러간다.

"싸가지가 없다?" 이 말을 듣고 싶은 사람은 없을 것이다. 우리 주변에서 아주 익숙한 이 말은 600여 년 전부터 쓰던 우리말이다. '싸가지'의 네 가지가 서울 사대문 현판에 걸려 있었다.

조선은 오상(五常)의 기본 이념을 성문의 현판에 새겨 두고 생활 속에서 실천하게 했다. 인(仁)·의(義)·예(禮)·지(智)는 사대문(흥인문, 돈의문, 숭례문, 소지문)에, 신(信)은 도성 한가운데 자리잡은 보신각(普信閣)에 넣어 항상 가운데 바르게 위치해 밝은 빛을 내라는 광명지심(光名

之心)의 의미를 담았다.

인(仁)은 측은지심(惻隱之心)으로 불쌍한 것을 보면 가엾게 여겨 정을 나누고자 하는 마음이다. 의(義)는 수오지심(羞惡之心)으로 불의를 부끄러워하고 악한 것을 미워하는 마음이다. 예(禮)는 사양지심(辭讓之心)으로 자신을 낮추고 겸손해야 하며 남을 위해 사양하고 배려할 줄 아는 마음이다. 그리고 지(智)는 시비지심(是非之心)으로 옳고 그름을 가릴 줄 아는 마음이다. 이 네 가지가 없는 사람을 "사(四)가지 없는 놈"이라고 했다. 이것이 생활 속에서 "싸가지 없는 놈"으로 머릿속에 박히게 되었다.

성문 밖에서 줄지어 도성 안으로 들어가려는 사람들은 동·서·남·북에 있는 사대문 현판 글씨를 읽어야 성문을 통과할 수 있었다. 백성들은 흥인문의 '인(仁)', 돈의문의 '의(義)', 숭례문의 '예(禮)', 소지문의 '지(智)'를 읽으며 성문으로 들어갔다. 짧은 시간이지만 백성들에게 평생교육을 시킨 셈이다.

사대문 사이에는 4개의 사소문(혜화문·소의문·광희문·창의문)을 두었는데 돈의문과 소의문은 없어졌고, 광희문과 혜화문은 15m씩 옮겨져 제자리를 벗어났다. 한양도성은 일제강점기와 도시 근대화 속에서 18.627km 중 30% 정도가 소실되었다. 오늘날 13km 정도만 원형을 유지하고 있다. 도시화와 인구 집중으로 성곽의 돌은 빌딩 숲의 담벼락으로, 집과 집을 구분하는 담으로, 학교 간 경계로, 교회와 성당을 구분 짓는 담으로 사용되었다. 도시화로 성벽이 더 헐리기 전에 서둘러 복원되어야 한다.

600여 년 전 서울의 인구는 20여만 명이었다. 한양도성은 서울에 사는 사람들이 쌓지 않았다. 한반도 전역에 살고 있던 중인과 농민 197,000여 명이 서울까지 와서 쌓았다. 총 18.627km의 성벽을 천자문 천(天)에서 조(弔)까지 97구간, 약 180m씩으로 나누어 각 구역에 책임자를 두고 자신이 떠나온 고향과 가까운 구간에서 작업하게 했다.

농사가 시작되기 전 농한기 49일, 추수가 끝난 농한기 49일 동안 계획적으로 빠른 시간에 쌓다 보니 다친 사람과 고된 노역으로 숨진 사람이 많았다. 한양도성 성벽 성돌 하나하나에 그들의 땀과 피 그리고 눈물이 담겨 있다.

도성 안과 밖의 삶을 지키는 울타리였던 한양도성은 그냥 지나치면 제대로 된 의미가 보이지 않는다. 천천히 걸으면서 살펴보면 한양도성 97개 구간에서 279여 개의 글자가 새겨진 성곽의 돌을 볼 수 있다. 이 각자성석(刻字城石)은 오래된 도시의 기록이자 전통이 투

영된 도시의 증거물이다. 조선은 건국 초기부터 공사 구간, 공사 시기, 공사 지역 및 공사 책임자와 공사 감독관까지 요즘말로 '공사실명제'를 시행했다.

한양도성은 규모도 크고 성곽 둘레도 길다. 유네스코 세계유산 중 성곽과 관련된 유산에는 성채와 성곽, 성벽과 요새가 많다. 세계적으로 도시를 둘러싼 성곽은 있지만 온전히 남아 있는 곳은 한양도성이 유일하다.

한양도성은 청계천 광장에서 10여 분이면 만날 수 있다. 519년 조선의 역사를 품은 한양도성을 거닐며 가까운 사람과 밀린 이야기를 나누어 보면 어떨까.

1

도성을 품은
내사산 여행

인왕산

백악산

낙타산

목멱산

도성의 운명을 바꾼 인왕산

갑자기 눈발이 날리고 바람이 멈춘다. 기암괴석으로 우뚝 선 바위는 마치 장삼을 입은 선승의 모습이다. 결정을 내려야 할 시간이다. 도성 안과 도성 밖을 결정짓는 순간 한 사람은 떠나야 할 운명이다. 선바위 위에 앉은 비둘기들만이 편안한 시간을 보내고 있다.

600여 년 전 한양의 위치와 도성의 경계는 이곳에서 결정되었다. 그다지 높지 않은 산, 이름도 없는 서산(西山)에 있던 기도바위 인왕산 선바위에 누가 왔던 것일까? 선바위를 도성 안으로 할 것인가, 도성 밖으로 할 것인가를 놓고 무학대사와 정도전 사이에 논쟁이 벌어졌다. 무학대사는 선바위가 도성 안에 있기를 바랐지만 정도전은 불

인왕산 선바위

인왕산 성곽길

교가 유교를 넘어설 수 없도록 도성 밖에 두고 싶어했다. 선바위는 결국 한양도성으로 들어가지 못하고 한양을 지켜보게 되었다.

단풍나무와 벚나무가 있는 옛 기상청은 인왕산 줄기가 이어진 높은 언덕에 있었다. 국립기상박물관에서 보면 인왕산 곡성과 안산 사이에 있는 선바위가 한눈에 들어온다. 경희궁 궁담길 뒤 송월동 1번지에 지어진 기상청은 일제강점기 때 성벽을 헐고 지었다. 인왕산 아래 선바위에 서면 서울이 한눈에 보인다. 도성 안 궁과 궐 사이로 청와대가 보이고, 도성 밖 높은 빌딩과 빌딩 숲 사이로 여의도 국회의사당도 보인다.

한양도성 안에는 내사산이 있다. 주산인 현무 백악산, 좌청룡 낙타산, 우백호 인왕산 그리고 남주작 목멱산이다. 인왕산 세 봉우리는 주봉과 안산이 맞닿은 곡성 사이 성곽으로 이어져 있다. 경복궁에서 서쪽으로 보이는 세 개의 봉우리를 따라 걸으면 인왕산 기슭에 이른다.

인왕산은 험준한 바위산이다. 화강암 바위들이 소나무 숲 사이로 얼굴을 내밀고 이야기를 한다. 필운대에서 시작한 인왕산 자락은 치마바위와 기차바위를 지나 창의문에서 멈춘다. 창의문까지 높지 않은 바위산이 완만하게 성곽으로 이어져 있다.

겸재 정선의 그림터, 수성동계곡

인왕산 자락 옛 동네 이름들은 새롭지만 정겹다. 인왕동에서 시작하여 옥류동, 수성동, 송석원, 청풍계, 백운동까지 낯선 동네 이름들이 인왕산을 따라 깊숙이 숨어 있다.

광화문 광장에서 걸어서 10분이면 청량한 계곡을 만날 수 있다. 길 위에 비가 촉촉이 스며드는 날은 소나무와 잣나무 사이에 물방울이 흥건하게 맺히고, 탐스러운 솔방울들이 일제히 향긋한 향을 내뿜는다. 흰 구름이 인왕산을 감싸고 있는 새벽녘에 걸어도 좋다. 폭포를 볼 수 있고, 새소리와 바람 속에 구름이 흘러가는 소리도 들을 수 있다.

인왕산 수성동계곡과 백악산 백사실계곡은 물이 맑고 공기가 좋다. 수성동계곡 1급수 맑은 물은 청계천을 향해 흐르고, 백사실계곡 1급수 청정한 물은 홍제천을 향해 간다. 굽이굽이 길고 긴 청계천과 홍제천은 한강에서 만나 서해로 향한다.

"개울에 자갈이 없으면 시냇물은 노래하지 않는다"는 말이 있다. 빗소리가 없는 여름은 여름이 아니다. 수성동계곡 길을 호젓하게 걸어 보자. 그리고 계곡이 합창하는 자연의 소리를 들어보자.

인왕산 수성동계곡

옥구슬처럼 흐르는 계곡의 너럭바위 정자에 앉으면 어머니의 뱃속에 온 것 같다. 해가 지면 도성의 낮과 밤의 경계를 눈으로 볼 수 있다. 비가 오면 폭포에서 하얀 물줄기가 쏟아지는 소리를 들을 수 있다. 산 아래 낮게 깔린 구름이 그림 속 풍경처럼 곁에 있는 이곳은 겸재 정선의 그림터다.

겸재는 이곳에서 84세까지 심신을 연마하며 작품을 벗삼고 살았다. 천천히 걸으면서 겸재 정선의 안개와 능선이 엷게 보이는 풍경 속 〈인왕제색도(仁王霽色圖)〉를 떠올려 보자. "약보(藥補)보다 식보(食補)가 낫고, 식보보다 행보(行補)가 낫다"라는 말이 있다. 청계천 발원지 수성동을 걷다 보면 풀리지 않는 삶의 답을 찾을 수 있을 것이다.

자하문 터널을 지나 효자동 삼거리와 신교동을 지나면 경복궁역과 내자동 가는 길 효자로가 나온다. 현재 복개된 도로를 겸재의 그림 속에서 상상하고 뜯어 보면 옛 물길이 선명하게 보인다. 백운동천 물이 청계천을 향해 소리 없이 흘러간다.

눈앞에 펼쳐진 화강암 바위와 소나무 향이 이 산의 주인들이다. 너럭바위와 통돌 사이로 계곡물이 흐른다. 복잡한 도심 속 차량 소리와 소음이 잠시 멈춘다. 물소리와 바람소리가 세파에 지친 마음을 위로해 주고 하얀 구름도 잠시 머물다 간다.

겸재 정선의 그림터 ⓒ최대원
〈인왕제색도〉, 정선, 1751년, 국립중앙박물관 소장 ⓒ한국데이터베이스산업진흥원

25

바위에 새겨진 백운동천

　백운동계곡 물이 바로 청계천의 원류이자 본류이다. 인왕산에서 도성 안으로 세 개의 계곡물이 흘렀다. 청풍계곡과 백운동계곡이 백운동천 물길의 시작이었다. 청풍계와 백운동이 합쳐져 청운동이 되었다.

　백세청풍 바위 앞 복개된 물길 속에서 계곡물 흐르는 소리가 귓전을 맴돈다. 물길 따라 청운초등학교 안으로 들어가 보면 다리의 주춧돌이 여러 개 남아 있어 이곳이 큰 물길이었음을 알 수 있다. 송강 정철의 집터가 있던 자리로 백운동천이 흘렀다.

계곡물이 흐르는 개천을 사이에 두고 정선이 살았던 집과 작업공간이 있었는데 현재 경복고등학교 교정이다. 이곳은 인왕산 세 개의 봉우리와 백악산 대은암과 청송당이 보이는 명당자리로 유란동이라 불렀다. 정선이 수백 개의 먹과 붓이 닳도록 진경산수를 그렸던 곳이다.

효자동 삼거리로 가면 새로 놓은 다리인 신교(新橋)의 흔적이 있다. 바로 밑에 자핫골이라 불리는 자교(紫橋)가 있었는데 선희궁에 제를 모시러 가는 어가를 위해 다리를 새로 놓아 신교동이라 했다. 정조의 할머니, 사도세자의 생모인 영빈 이씨 사당도 이곳에 있었다.

경복궁 서쪽에서 광화문 광장을 끼고 청계천으로 가면 가장 긴 물줄기의 흔적이 숨겨져 있다. 이름만 들어도 시원한 옥류동천이 나온다. 도성 안에 있던 세 개의 홍예(무지개다리) 중에서 규모가 가장 큰 다리였던 금청교(禁淸橋)도 있었다.

서울 한복판에 산이 있고 계곡이 있다. 한여름 물소리와 계곡이 그리워지면 가까운 산으로 가 보자. 빌딩 옆 차 소리와 경쟁의 늪 속 고함소리에서 잠시 벗어날 수 있을 것이다.

영험한 주산 백악산

백악산 구름이 춤을 춘다. 삼각산과 인왕산 기차바위에서 성곽길 따라 불어오는 바람이 구름과 구름 사이로 휘감겨 도성 안 궁과 궐로 내려간다. 구름이 잠시 바람을 타고 내려갈 즈음 풍경을 사진에 담아 보자.

경복궁과 창덕궁 뒤에 있는 산은 백악산으로 방향이 북쪽이라 북악산이라 했다. 한양도성에서 가장 높은 342m의 백악산은 600여 년 한양의 주산으로 백악마루에 백악신사를 짓고, 기우제와 산신제를 지냈던 영험한 산이다.

백악산에서 앞을 보니 목멱산이요, 뒤를 보니 서울의 진산 삼각산

광화문 뒤로 보이는 백악산

이다. 삼각산과 백악산이 이어져 있고, 백악산과 인왕산이 한몸처럼 보인다. 저 멀리 백운대와 인수봉은 도봉산 오봉까지 이어져 수락산과 연결되어 있다. 서울에서 의정부까지 산과 산으로 이어져 있으니 서울은 산이요, 성곽의 도시라고 할 수 있다.

한양도성 순성길 백악 구간은 소실된 부분이 가장 적고, 옛 모습 그대로의 오래된 성곽을 유지하고 있다. 성벽을 따라 걷다 보면 옛 조상을 만나듯 각자성석(刻字城石)*도 만날 수 있다. 각자성석의 흔적을 눈으로 보고 손으로 더듬어 성벽을 쌓은 사람들의 거친 숨소리도 들어보자. 각자의 시기별 특징과 구간별 축성 시기를 확인할 수 있으니 한양도성은 살아 있는 박물관임에 틀림없다.

청운대에서 숨을 돌리고 다시 내려가 보자. 도성 안으로 걸어도, 도성 밖으로 걸어도 백악 곡장(曲墻)을 만날 수 있다. 밖을 걷는다면 높은 성벽의 성돌을 보고 성곽을 쌓은 시기를 알 수 있다. 자연석을 거칠게 다듬어 쌓은 성벽과 울퉁불퉁 다듬어지지 않은 옥수수 같은 성돌 그리고 정방형 화강암을 사용한 흔적이 도성 밖 성벽에 남아 있다. 정확한 크기로 깎고 정으로 잘 다듬은 과학기술이 축적된 토

---

* 글자가 새겨진 성곽의 돌

삼각산을 바라보며 백악 곡장 가는 길과 각자성석

목 기법을 확인할 수 있다.

가노라 삼각산아 다시 보자 한강수야
고국산천을 등지고자 하랴마는
세월이 하 수상하니 올동말동 하여라.

백악 곡장에 우뚝 서면 시 한 수가 절로 떠오른다. 청음 김상헌의 처절한 시조 「가노라 삼각산아」의 한 수를 백악산 성벽이 이어진 숙정문에서 노래하면 저 멀리 숭례문 너머 한강물이 출렁인다. 김상헌은 82년 동안 이곳에 살면서 왜란과 호란을 겪었다. 절개와 지조의 상징인 그는 조선후기 대표적인 세도가문인 장동 김씨의 출발점이기도 하다.

자연을 벗삼은 별서 터, 백사실계곡

백악산 기슭에 백석동천(白石洞天)이 있다. 하얀 바위가 있어 백석이요, 산과 천으로 우거진 곳에 하늘도 보이지 않는 공간이 동천이다. 비가 오면 하얀 바위가 비를 머금고, 물줄기는 계곡이 되어 흐른

백악산 백사실계곡

다. 비가 많아지는 8월 백사실계곡은 순식간에 폭포로 변한다. 느티나무가 울창한 곳에 주춧돌과 연못이 있다. 600여 년 전 도성 밖 삼각산과 백악산 사이 깊은 산속에 별서(別墅)가 있었다. 계곡 위에 연못이 있고, 연못 위에 600여 평이 넘는 안채와 사랑채 그리고 계곡물을 끌어들인 연못 가장자리에 주춧돌 6개와 기둥을 갖춘 육각정이 있었다.

백석동천은 백석정(白石亭), 백석실(白石室), 백사실(白沙室) 등으로 불리며 국가지정문화재 명승이 되었다. 청정 1급수에만 산다는 도롱뇽과 무당개구리가 맑은 계곡물에서 금방이라도 튀어나올 듯하다. 우렁찬 빗소리에 새들은 숨죽이고, 물이 차오르는 연못가에 고마리라는 한해살이 풀꽃이 여뀌꽃처럼 붉은빛을 내며 피고 있다. 습지에서만 볼 수 있는 우리나라 전통 들꽃들이 여기저기 피어 있다. 구름이 걷히니 인왕산 기차바위와 세검정도 보인다. 밤이 되면 누마루 서쪽에 달이 머문다는 월암바위가 살포시 얼굴을 내민다. 달 바위에 앉아 있으면 시와 함께 노랫소리가 들리는 듯하다.

빗소리를 들으며 오솔길을 걸으면 커다란 소나무 사이로 '白石洞天(백석동천)'이라 새겨진 각자바위가 보인다. 백석동천 각자는 언제 누가 새겼는지 잘 모른다. 주변에 하얀 돌이 많고, 하늘을 가릴 듯한

별서 터

백석동천 바위

울창한 숲이 만들어 놓은 동천이다. 수백 년이 넘어 보이는 소나무가 자태를 뽐내며 백석동천 바위 옆에 우뚝 서 있다.

굳게 닫힌 숙정문

백악산에서 낙타산으로 내려가는 길 북쪽으로 북대문인 숙정문(肅靖門)이 보인다. 창의문에서 힘겹게 올라 백악마루에 이른 다음 성벽을 따라 다시 내려가면 크지 않은 성문을 볼 수 있다. 홍예문과 성벽이 맞붙어 있는 시원한 문루에 앉아 바람에 땀을 말려 보자. 숙정문은 한양도성 성문 중 좌우 양쪽으로 성벽이 연결된 유일한 문이다. 한양도성 안 다른 성문들과는 달리 천정에 그림도 없이 화강암 홍예로 되어 있다. 사대문 중 숙정문은 대문 역할을 못하고 항상 굳게 닫혀 있었다. 험준한 산악 지역에 소나무까지 심어 실질적인 성문 기능을 하지 못했다. 높은 산중턱에 있어 길은 험하고 인적은 드물다.

숙정문은 음양오행 중 물을 상징하여 가뭄이 들 때 열었다. 숙정문이 열리면 불을 상징하는 숭례문이 닫혔다. 비를 기원하는 기우제를 위해 열고, 비가 많이 오면 기청제를 위해 닫았던 성문이다. 숙정문은 시간이 흐르면서 일반인들이 접근하기 어렵게 되었다. 숙정문보다는 동소문인 혜화문, 북소문인 창의문을 통해 도성 안으로 출입했다. 따라서 폐쇄해도 아무런 지장이 없어서 닫아 두었던 대문이다.

성문을 나서면 삼각산이다. 동쪽으로 내려와 성북천을 지나야 혜화문을 만난다. 그 옛날 누가 숙정문을 지나갔을까? 백악산을 넘어야 갈 수 있고, 삼청공원에서 말바위까지 걸어야 볼 수 있는 성문이다. 숙정문으로 오가는 사람은 별로 없고, 깊은 산속 성곽 주변에 산딸기 군락지만 남아 있다. 서울 한복판에 산딸기라니 믿어지지 않는 풍경이다. 산딸기가 백악산 기슭에 넘실대듯 뽕나무 열매인 오디도 주인을 기다리며 성북동과 성북천 주변에 주렁주렁 열려 있다.

한양도성 600년 이야기는 세월이 흘러도 백악 곡장 아래 성벽에 그대로 남아 있다. 성돌과 성돌 사이 이끼가 말을 건넨다. 선잠단(先蠶壇)**에 나서던 왕의 걸음처럼 숙정문에서 산딸기를 찾아 느릿느릿 소처럼 걷다 보면 45도 직벽의 힘든 성곽을 쌓은 사람들의 이야기가 들릴지도 모른다. 숙정문에 앉아서 저 멀리 함경도와 강원도에서 성곽을 쌓으러 온 인부들의 노랫소리를 들어보자.

** 양잠의 신 서릉씨에게 제사를 지내던 단

숙정문

백악산 정상에서 보이는 경복궁과 목멱산

낙타를 닮은 낙타산

무더운 한여름 입추로 향해 가는 낙타산 성곽은 가을 냄새가 난다. 혜화문에서 흥인지문 사이에 펼쳐진 낙타산은 내사산 중 가장 낮은 산으로 정상은 해발 125m 남짓이다. 청바지를 입고 생수 한 병 들고 걸어도 10여 분이면 정상의 시원한 바람을 만날 수 있다.

백악산에서 바라본 산 모양이 낙타의 등처럼 생겼다고 하여 낙타산(駱駝山)이다. 울울창창한 숲이 낙타의 등처럼 아름다운 자태를 뽐낸다. 산 정상에서 정면을 보면 안산과 인왕산이 보이고, 오른편으로 백악산 뒤 삼각산 보현봉과 인수봉 그리고 도봉산까지도 보인다. 가장 낮은 낙타산에서 용마산과 아차산 그리고 목멱산과 한강 뒤 관악산도 보이니 낙타산은 이름만큼이나 신기하다.

사막에서 없어서는 안 될 동물, 사막을 건너는 배와 같은 동물이 낙타다. 낙타는 3일 동안 물 없이도 320km를 갈 수 있다. 우리는 낙타산보다 낙산이라는 이름에 익숙한데 낙타산은 즐거울 낙(樂)의 낙산이 아니라, 낙타를 닮아 낙타산이다.

그렇다면 우리나라에 낙타가 있었단 말인가? 1,000여 년 전 고려에 낙타를 타고 온 사람들이 있었다. 거란인들이었다. 예성강 국제무역항에도 낙타에 짐을 싣고 나타났다. 개성의 만부교가 바로 '낙타교'다. 태조 왕건 시절 거란이 보낸 낙타 50필을 만부교에서 굶겨

낙타산 정상에서 혜화문 가는 성곽길

죽인 이 사건은 역사의 미스터리로 기록되어 있다. 왜 낙타를 키우지 못하고 굶겨 죽였을까? 그로부터 150여 년 후 낙타를 좋아했던 성종은 흑마포 60필로 낙타를 구입하려고 했다. 낙타 한 마리를 사려면 콩으로 6,000두나 되는 엄청난 금액을 주어야 했다.

한양도성 안에 낙타는 생소하지 않았다. 연암 박지원도 『열하일기』에서 낙타를 "머리는 말처럼 생겼는데 조금 작으며, 눈은 양과 같고, 꼬리는 소와 같다"고 했다. 그러면서 "걸을 땐 목을 움츠렸다가 드는데 그 모습이 마치 날아가려는 백로와 같다"고 표현했다. 연암의 표현에 탄복하지 않을 수 없다. "무릎은 두 마디이고, 발굽은 둘로 갈라졌다. 걸음걸이는 학 같고, 거위와 같은 소리를 지른다"고 묘사했다. 40~50년을 사는 온순한 낙타가 바로 낙타산에 있었던 것이다.

낙타산 성곽은 용의 꼬리처럼 산 정상에서 혜화문까지 주욱 펼쳐져 있다. 낙타산 성곽길은 종로구와 성북구의 경계이자 혜화동과 성북동의 접점이다.

정상에서는 인왕산이 마주 보인다. 세 개의 봉우리가 편안하게 모여 있다. 빽빽한 숲과 숲 사이 화강암 덩어리가 희끗희끗한 자신의 색을 살포시 드러낸다. 인왕산과 백악산 그리고 목멱산이 한 뼘이다. 뉘엿뉘엿 해가 지면 인왕산 석양을 볼 수 있다. 겸재 정선은 이곳에서 인왕산 너머 서해를 향하는 석양을 그렸다.

서쪽 산은 석양에 물들어간다. 내사산 중 가장 낮음에도 용마산 너머로 뜨는 해와 한강으로 지는 해를 볼 수 있는 곳이다. 이곳에 석양루(夕陽樓)가 있었다. 아마 정선도 이곳에 올라 그림을 구상했을 것이다.

가장 낮은 곳에서 가장 높은 곳을 바라본다. 강추위가 오면 차가운 바람이 낙타산에 머문다. 산이 보이고 청계천이 한눈에 들어온다. 저 멀리 삼각산 봉우리가 에워싸고 등 뒤에 용마산과 아차산이 펼쳐져 있다. 동서남북 어디에서나 볼 수 있는 병풍처럼 펼쳐진 삼각산은 836.5m 높이로 삼각뿔처럼 서울을 포근히 감싸고 있다. 백운대, 만경대, 인수봉을 보고 있으면 온몸에 활기찬 기운이 샘솟는다.

서울 도심에서 가장 쉽게 접할 수 있고, 가장 편하게 오를 수 있는 성곽이 낙타산 성곽길이다. 청계천 수문에서 걸어서 몇 발자국이고, 동쪽의 대문인 흥인지문(興仁之門)에서는 걸어서 1분이다. 오르면 별유천지가 그 스펙트럼을 드러낸다. 가장 높은 고갯길 혜화문과 가장 낮은 평지의 흥인지문을 성벽과 성문으로 이었다. 성 안과 성 밖을 볼 수 있는 공간이라 일석이조다. 궁과 궐, 종묘와 사직단도 한눈에 담을 수 있다. 봄보다 가을 풍광이 뛰어나다. 해 뜨는 아침보다 해 지는 저녁이 절경이다.

가을의 단풍도 아름답지만 눈 쌓인 성벽도 아름답다. 성벽에 걸터 앉아 바라보는 도성 안과 도성 밖은 참 고요하다. 실크로드의 주인 공이자 길 위에서 길을 잇는 소통의 상징인 낙타처럼 느릿느릿 걸어 보자. 역사는 언제나 배우며 걷는 자의 몫이다.

흥인지문 ©최대원

한반도의 중심 목멱산

서울 한복판에 아름다운 산이 서울을 둘러싸고 넓게 펼쳐져 있다. 한강과 삼각산이 한눈에 보이는 영산이자 명산인 이 산은 소나무를 많이 볼 수 있어 목멱산(木覓山)이라 불렀다. 도성의 남쪽 산으로 인경산(引慶山)이라고도 했다. 마치 달리는 말이 안장을 벗는 모습으로 '마뫼'라고도 했고, 인왕산에서 내려온 산줄기가 한강을 향해 휘어져 솟아 열경산(列慶山)이라고도 했다. 참 지혜로운 이름들이었다. 구름에 둘러싸인 산과 울창한 숲을 300여 년 전 겸재 정선은 〈목멱산도〉로 표현했다. 한강에서 바라본 목멱산의 해 뜨는 풍경은 〈목멱조돈〉에 담았다. 이곳이 바로 진경산수의 한 장면이다.

목멱산

〈목멱산도〉, 정선, 18세기, 고려대학교박물관 소장
〈목멱조돈〉,《경교명승첩》, 정선, 18세기, 간송미술관 소장
ⓒ한국데이터베이스산업진흥원

목멱산 잠두봉에서 바라본 서울은 산과 산이 연결되어 아늑하다. 안산에서 무악재 너머 인왕산 곡성과 정상이 보인다. 인왕산 기차바위를 따라 저 멀리 삼각산이 병풍처럼 펼쳐진다. 비봉과 향로봉, 보현봉 그리고 백운대, 만경대, 인수봉이 보이고, 도봉산과 수락산도 문필봉 옆에 이어진다.

새해 목멱산에 떠오르는 태양이 새로운 아침을 알린다. 강추위에 새롭게 뜨는 태양을 보려는 사람들이 목멱산 정상에 서 있다. 바람이 차다. 목멱산 봉수대 앞에도, 목멱대왕 국사당 터 팔각정에도 삼삼오오 모여 있다. 모두가 한강 너머 동쪽을 바라보며 뜨는 해를 기다린다. 어둠을 헤치고 소나무 틈새로 영롱한 해가 떠오른다. 우렁찬 함성과 함께 어디선가 음악이 흘러나온다.

"남산 위에 저 소나무 철갑을 두른 듯…"

남산은 우리에게 친근한 이름으로 서울이 아닌 지방 어디에나 있는 산이다. 하지만 애국가에 나오는 남산은 한양도성의 남쪽에 있는 남산(南山)인 목멱산이다. 목멱산은 동봉과 서봉 그리고 잠두봉이 펼쳐져 한강까지 산줄기가 연결된 커다란 산으로 숭례문에서 광희문까지 이어져 있다.

목멱산 성곽길 ©최대원

조선신궁 터

목멱산은 600여 년 전 한양을 설계할 때 삼각산과 한강 사이에 위치한 중요한 곳이었다. 백악산과 삼각산이 정면에 있고, 왼쪽으로 인왕산과 안산이 보이는 군사적 요충지였다. 오른쪽으로는 낙타산과 아차산 봉수대가 낮과 밤으로 소식을 전해오는 통신수단 집결지였다. 서울의 상징인 목멱산 N타워는 지금도 방송과 통신의 주요 거점이다.

목멱산은 서울을 지키는 최후의 보루였다. 600여 년 전 전국의 봉수는 목멱산 봉수대에 집결되었다. 터가 서울에 있어 경봉수라고 불렸던 목멱산 봉수대에서 연기와 횃불로 신호를 전하여 경복궁 정전에 빠르게 알렸다. 비가 오거나 바람이 불고 안개가 낄 때는 광주 천림산과 양천 개화산에서 나팔소리로 목멱산 동봉과 서봉에 소식을 알렸다.

목멱대왕(木覓大王)으로 봉해진 호국의 신 목멱산신을 모신 국사당(國師堂)이 목멱산 정상에 있어 왕들은 제사를 위해 국사당에 거둥했다. 사직단과 마찬가지로 기우제와 기청제 그리고 기곡제를 이곳에서 지냈다. 봄, 가을 하늘의 별과 달이 머무는 28수에 초제도 지냈

목멱산 N타워 ⓒ최대원
목멱산 경봉수

55

다. 국가의 중요한 행사 역시 목멱산 정상에서 이루어졌다.

을사늑약 이후 목멱산에는 일본공사관과 통감부 및 통감관저가 있었다. 조선총독부가 신축되기 전까지 총독부 건물도 이곳에 있었다. 일제강점기 일본은 민족의 모산이자 영산인 목멱산 자락에 신사를 짓기 시작했다. 도성 안 소파길에 노기신사와 경성신사를 짓고, 도성 밖 소월길에 경성호국신사를 짓는 등 전국에 1,141개의 신사를 지어 참배를 강요했다. 또한 1925년 일본은 600여 년의 정기가 가득한 목멱산 중심에 조선신궁(남산신사)을 지어 신사의 격을 최상으로 올려 신궁화했다. 일본은 국사당이 신사보다 높은 곳에 있는 것을 못마땅하게 여겨 이전을 강요했다. 결국 인왕산 선바위 옆으로 옮겨져 초라한 굿당으로 남았다.

해방 후 조선신궁은 일본인들에 의해 승신식(昇神式)을 거행한 후 해체식과 함께 소각되었다. 다행히 조선신궁 터는 한양도성유적전시관으로 복원되어 지붕 없는 박물관이 지붕 있는 유적전시관으로 탈바꿈되었다. 또한 조선신궁이 있던 참배길에는 안중근의사기념관이 세워졌다. 안중근 의사 상과 안중근 의사가 순국하기 전에 쓴 유묵(遺墨)이 새겨진 돌이 아침 햇살에 금빛으로 비치니 장엄하다. '견

인왕산 선바위로 옮겨진 국사당
조선신궁 터

안중근 의사 유묵 ©최대원
안중근 의사 상

리사의 견위수명(見利思義 見危授命)*, '일일부독서 구중생형극(一日不讀書 口中生荊棘)**' 등 광장에 〈장부가〉가 울려 퍼진다.

목멱산은 서울의 관문으로 한강을 건너 꼭 지나야 하는 길목에 있다. 숭례문에서 성곽길을 따라 걸으면 백범광장이 나오는데 드넓은 광장에서 역사적 인물들을 마주하게 된다. 신흥무관학교를 세우고, 해방 후 초대 부통령을 지낸 독립운동의 상징인 성재 이시영 선생 상이 있다. '노블리제 오빌리주'의 표상, 구한말 삼한갑족(三韓甲族)의 독립운동가로 대한민국 임시정부를 위해 6형제의 모든 재산과 목숨을 내놓았던 전설 같은 이야기가 전해 내려온다. 그 옆에는 백범 김구 선생이 오른팔을 펼치며 한강과 효창원을 바라보고 서 있다.

목멱산 오르는 길에 '한양공원(漢陽公園)'이라고 쓰인 고종의 친필 비석도 보인다. 왜성대공원으로 문을 연 후 한양공원이 되었으나 곧 남산공원으로 부르게 되었다. 일제는 역사 속 목멱산을 남쪽의 산인 보통명사 남산(南山)으로 격하하고, 순환도로를 건설할 때 벚나무 600그루를 심어 '남산순환도로'라 불렀다. 해방 후 목멱산에 뚫린 터널은 모두 남산터널로 불렀다. 늦었지만 이제라도 원래 이름으로

백범 김구 선생 상 ⓒ최대원

불러 주어야 하지 않을까.

남산은 '목멱산'으로, 남산공원은 '한양공원'으로, 남산타워는 '목멱산 타워'로, 남산도서관은 '목멱산 도서관'으로 바꿔 주어야 한다. "내가 그의 이름을 불러 주었을 때…" 목멱은 아침 해를 찬란히 비추어 줄 것 같다.

이름에는 역사가 묻어 있다. 용산공원이 새롭게 바뀌면 서울의 중심이자 한반도의 허브가 목멱산에서 한강까지 이어질 것이다. 이제 남산이 아닌 목멱산을 품어야 할 시간이다.

한양도성의 관문, 숭례문

국보 숭례문(崇禮門)은 한양도성 남쪽의 대문으로, 현존하는 우리나라 성문 중 가장 규모가 큰 문이다. 숭례(崇禮)는 '예절을 높인다'는 뜻으로 『중용』에서 따온 말이다. 숭례문 광장에 서 있으면 목멱산 N타워 따라 케이블카가 움직인다. 숭례문 홍예 앞에 서면 도성 안과 밖의 경계가 선명해진다.

숭례문은 한양도성의 관문으로 왕의 행차와 능행길에 오가는 성문이었다. 중국의 사신들도 숭례문을 통해 들어왔다. 한양도성 사대문 중 흥인지문과 함께 2층 누각으로 되어 있고, 지붕은 위·아래 층이 겹처마로 추녀마루에 잡상과 용두가 있어 위엄이 있다. 화강암으로 구축한 커다란 홍예문 위에 걸려 있는 세로로 쓴 현판의 글씨는 태종 이방원의 적장자로 세자였던 양녕대군이 오행의 예와 관악산의 화기를 잠재우기 위해 힘찬 필체로 썼다. 숭례문은 평양의 대동문과 개성의 남대문 그리고 전주의 풍남문과 함께 600여 년 역사의 산증인이자 서울의 상징이며 대한민국의 국보다. 숭례문 현판은 2008년 화재 때 떨어져 내렸지만 복원된 숭례문 2층 문루에 다시 굳건히 서 있다. 현판 아래 성문에는 커다란 빗장과 쇠고리 자물쇠가 600년을 버티며 이어 오고 있다.

사라진 새 문, 돈의문 터

목멱산에서 내려와 숭례문을 지나 세종대로를 따라 올라가다 보면 '신문로'가 나온다. 신문로 1가와 2가 주변에 신문사가 의외로 많다. 경향신문과 문화일보, 내일신문과 조선일보까지 보인다. 신문사가 많이 있어 붙여진 이름 같기도 하지만 사실 신문로는 'Newspaper Road'가 아니라, 'Newgate Road'이다. 다시 말해

돈의문 터
돈의문 옛 모습, 김영택 펜화

새문안로

'새 문'이라는 뜻이다. 새 문은 어디에 있나? 새 문이 보이지 않는다. 아니 옛 문도 없다.

　신문로는 한양도성 서쪽에 있는 길로 성곽길 중 가장 낮은 곳이다. 근처 언덕에 성문 터가 있는데 이곳이 바로 돈의문(敦義門)이 있던 자리다. 돈의문은 소의문과 창의문 사이, 경운궁과 경희궁 사이에 있었던 성문으로 원래는 600여 년 전에 사직단 근처에 세워졌다. 처음 세워진 돈의문은 경복궁 서십자각 밖에 있었으나 경복궁의 지맥을 해친다 하여 폐쇄했다. 대신 인왕산 기슭 남쪽, 경희궁 서쪽 언덕에 서전문을 열었다. 하지만 세종은 한양도성을 대대적으로 고칠 때 서전문을 다시 닫고, 돈의문을 세웠다. 때문에 새로운 서쪽 대문을 '새 문' 또는 '신문(新門)'으로 불렀다. 그래서 이 길의 이름이 '신문로'가 된 것이다.

돈의문은 한양도성 서쪽 성문의 기능을 500년 넘게 해왔다. 특히 개항기에는 새로운 문물이 돈의문을 통해 전해졌다. 서양의 새로운 문화와 사람들이 외교의 거리이자 공사관 거리인 정동길을 오갔다. 그러다가 1915년 전차 노선이 복선화되면서 돈의문은 헐리고 만다. 그것도 205원 50전이라는 헐값에 낙찰되어 돈의문은 역사 속에서 흔적도 없이 사라졌다. 새 문은 사라지고 '보이지 않는 문'이 되었다. 서대문구에 서대문이 없듯, 신문로에는 새로운 문이 없다.

현재 신문로에는 새문안교회와 구세군대한본영, 경성중·고등학교 터와 서울시교육청, 서울역사박물관, 새문안로, 새문안동이 남아 있다. 또한 한국 개신교 최초의 교회 새문안교회가 하늘을 향해 두 팔을 펼친 듯 서 있다.

인적 없는 고요한 새벽, 돈의문 터에서 새문안교회까지 걸어 보면 어떨까? 신문로를 오가는 사람들에게 새문안에서 울려 퍼지는 노랫소리가 새로운 희망을 전하고 있다.

숭례문 ⓒ최대원

2

사소문 따라
동네
한바퀴

부암동
홍지동
성북동
혜화동
광희동
서소문동

창의문

너럭바위에 흐르는 물길, 부암동

창의문(彰義門)으로 향한다. 걸어서 갈 것인가, 버스를 탈 것인가 잠시 고민하는데 눈앞에 하얀 바위들이 보인다. 경복궁 궁담길 따라 신무문에서 창의문까지 걸어서 10분 거리다. 인왕산과 백악산을 마주하며 걸으니 오르막길이다. 땀은 나도 바람은 시원하다. 100여 년 전 이 길은 물길이었다.

인왕산과 백악산 사이에 한양도성 안 가장 오래된 성문 창의문이 있다. 한양도성 북쪽의 소문이라 북소문(北小門)이라 불린 창의문은 사대문과 사소문 중 유일하게 원형을 간직하고 있는 역사 속 보물이다. 창의문 홍예 따라 걷는 길은 마치 지네를 닮은 모양처럼 꼬불꼬

창의문 ⓒ최대원

불 언덕길이다. 북대문인 숙정문이 굳게 닫혀 있어 북문 역할을 한 문으로 궁 밖과 궁 안을 경계 짓는 성문이자 청운동과 부암동의 경계다.

창의문 문루에 오르면 숭례문까지 바라보이는 높은 성벽이 있다. 서울 시내가 한눈에 들어온다. 창의문을 지나면 홍제천까지 내리막길이다. 창의문은 자하동에 있어 자하문(紫霞門)이라 부르기도 했다.

백악산과 인왕산 기차바위에서 흘러내려온 물줄기는 삼계동천을 지나 자하계곡으로 흐르고, 자하계곡 물은 세검정천을 지나 홍제천으로 흐른다. 자하계곡은 계곡이 깊어서 아침 물안개가 피어난다. 겸재 정선의 〈자하동〉도 바로 이곳에서 비 그친 새벽에 그린 그림이다. '자하'는 부처님 몸속에서 나오는 보랏빛 금색 안개라는 뜻으로 새벽녘 물줄기에 비친 물안개가 자줏빛처럼 영롱하여 자하(紫霞)라고 불렀고, 자하문을 줄여 자문이라고도 했다. 자문 밖 풍경은 봄, 여름, 가을, 겨울 언제나 고요하고 아름답다. 물소리와 물안개가 산 아래 보이는 듯하다. 고려시대 개성에 골이 깊고 산이 많은 자하동이 있었는데 한양으로 내려온 사람들에게 이곳이 개성의 자하동과 비슷해서 자핫골이라고 불렀다. 자핫골은 한양도성 밖 삼각산 아래 아름다운 동네 이름이었다.

〈자하동〉, 《장동팔경첩》, 정선, 18세기, 간송미술관 소장 ⓒ한국데이터베이스산업진흥원

소나무 꽃가루는 금가루처럼 날리고,

계곡물은 옥소리같이 맑게 흐르네.

너럭바위에 나그네가 와 앉으니,

옛 신선들이 놀던 단이 있는 듯하구나.

산과 흐르는 계곡물이 아름다운 승경지, 자하동천을 그린 「자하동(紫霞洞)」이라는 하위량의 5언절구 한시가 노래 같다.

자문 밖을 나서면 세련된 도시적 분위기와 전통의 고즈넉함이 공존한다. 부암동에 미술관과 전시관, 방앗간과 카페가 모여 있다. 에스프레소 커피 향과 막걸리에 물든 파전 향이 뒤섞여 공기 중에 떠다닌다. 봄의 청계동천에는 진달래와 복사꽃이 만발하고, 여름의 삼계동천에는 시원한 물이 너럭바위를 타고 흐른다. 가을의 백사실 계곡 산속 별장 터 월암바위에는 단풍과 달빛이 비친다. 겨울이면 하얀 눈이 소복이 쌓인 백석동천을 거닐 수 있다. 안평대군의 〈몽유도원도〉 속 이상향을 꿈꾼다면 무계원에서 잠시 머무르는 것도 좋다.

안평대군 집터, 무계원

자하문 밖 별유천지, 홍지동

한양도성 밖 성저십리 안에 별유천지(別有天地)가 있다. 삼각산과 인왕산, 백악산으로 이어지는 하늘 아래 첫 동네가 홍지동이다. 삼각산 물줄기가 홍제천으로 흘러 만들어진 마을이다. 삼각산 계곡물이 세검정천을 지나 홍지문 옆 오간수문으로 흘러가면 하얀 모래 사이로 물이 흘러 사천(沙川)이라 했다. 순우리말로 모래내인데 모래내를 지나면 물줄기는 한강으로 향한다.

홍제천은 홍제원에서 유래한 이름이다. 인왕산 정상에서 안산(鞍山)쪽으로 내려가는 길목, 무악재에 홍제원이 있었다. 중국 사신들이 머물렀던 곳인데 본래는 홍제원천이라 했으나 시간이 흘러 홍제천으로 부르게 되었다. 주변의 지명도 홍제천에서 유래한다.

인왕산과 홍제천, 홍지문과 오간수문 그리고 탕춘대성과 북한산성이 퍼즐처럼 이어진다. 삼각산 아래 백악산과 인왕산 깊은 곳에 총융청과 평창(平倉)이 있었다. 이곳은 창의문을 통해 의주와 함흥으로 가는 전략적 군사 요충지였다. 과거에는 고양군 은평면이었으나 현재는 서울시 종로구와 은평구의 경계이다. 자문 밖은 홍지동과 신영동, 부암동 그리고 평창동과 구기동으로 이루어져 있다.

홍지동은 홍지문과 탕춘대성에서 유래를 찾아 볼 수 있다. 병자호란 후 숙종 때 인왕산 기차바위와 삼각산 비봉을 이어주는 탕춘대성을 지었다. 한양도성과 북한산성을 연결한 이 성은 도성을 에워싸는 서쪽의 성으로 서성(西城)이라 했다. 홍지문은 탕춘대성의 성문이다. 삼각산 비봉에서 출발하여 홍제천에 이른 탕춘대성은 홍지문을 지나 인왕산 기차바위와 연결된다. 홍지문은 한양도성 북쪽에 위치한 관문인 한북문(漢北門)이다. 숙종은 인의예지(仁義禮智)의 지(智)가 사대문 현판에 없음을 깨닫고, 친필로 '지혜로움을 널리 알리는 문'이라는 뜻의 홍지문(弘智門)을 편액했다. 1925년 을축 대홍수에 홍지문과 오간수문이 붕괴되어 다시 성문과 문루를 짓고 탕춘대성을 쌓았다. 홍지문을 지나 가파른 산세를 따라 올라가면 상명대학교 북쪽

홍지문

경계로 성곽이 보존되어 있다. 구기터널 전에는 암문이 있어 성 안
과 밖을 오가는 중요한 구실을 했다.

　세검정을 지나면 신영동이다. 5군영의 하나인 총융청이 영(營)을
새로 설치하던 곳이라고 해서 신영(新營)이다. 세검정초등학교 안에
는 장의사(莊義寺) 당간지주가 있다. 신라 때부터 조선 초까지 백악
산과 삼각산 아래 왕실의 안녕을 기원하는 사찰이다. 연산군은 절

을 헐고, 봄놀이를 위해 연회 장소로 화계를 만들어 꽃을 심었다. 탕춘대(湯春臺)는 자문 밖 맑은 시냇물이 흐르고 경치가 좋은 곳에 돈대를 쌓아 봄맞이를 하던 곳이다. 탕춘대성도 여기서 이름을 가져왔다. 탕춘대는 연융대(鍊戎臺)라 바꾸어 무사를 선발하여 훈련시킨 곳이기도 하다.

축성 시 많은 논란이 있어 완성될 때까지도 갑론을박하며 힘들게 만들어진 탕춘대성은 북한산성을 수비하고, 군량을 저장하는 중요한 역할을 했다.

흥선대원군의 별장, 석파정 별당

시인과 묵객 그리고 선한 사람들이 머무르는 곳이 있다. 하늘 아래 별유천지인 동천(洞天)이다. 인왕산 기차바위 아래 석파정 별당(石坡亭 別堂)에 서면 사방이 별천지다.

석파 흥선대원군 이하응의 별서인 석파정의 사랑채가 석파정 별당인데 둥근 만월창과 반달 반월창 그리고 사각 방지창이 있는 조화롭고 아담한 건물이다. 양옆의 벽과 회색 벽돌 그리고 적벽돌이 그림처럼 섞여 울림을 준다. 내부는 흥선대원군이 쓰던 큰방, 손님이 머물던 건넌방, 난을 치는 대청으로 이루어져 있다. 흥선대원군은 이 별당에서 난을 치고 사람을 만나고 이야기를 나누었다. 원래 석파정 별당은 석파정 경내에 있었으나 소전 손재형 선생이 이곳으로 옮겨 사랑채가 별당으로 떨어지게 되었다.

인왕산 기차바위 아래 소나무와 감나무 사이 언덕 위에 있는 석파정 별당에서는 삼각산 백운대와 만경대, 인수봉 세 봉우리가 한눈에 펼쳐진다. 해가 뜨면 인왕산과 목멱산이 보이고, 해가 지면 백악산 백악마루에 펼쳐지는 야경이 절경이다.

석파정 별당으로 오르는 길은 꽃과 나비가 가득한 향기로운 길이다. 365일 언제나 활기차고 여름꽃 밤꽃이 피니 향이 가득하고 숲이 울창하다. 주홍빛 능소화가 넝쿨째 궁담에 고개를 떨구고 있다. 바람은 아직 시원하다. 소서(小暑)를 향해 가는 한여름 무더위에 홍제천 물소리도 정겹다.

석파정 별당

물안개 피어오르는 성북동

백악산 정상에서 숙정문을 지나면 어디로 갈 것인지 잠시 머뭇거리게 된다. 한양도성 안 삼청공원으로 갈까, 와룡공원 지나 도성 밖 길상사로 갈까. 저 멀리 성곽길이 끝없이 펼쳐지는 순간, 발걸음은 도성 밖 북쪽을 향한다. 삼청터널이 보이고 크나큰 저택들 사이로 단아한 기와집이 보인다.

이곳은 백악산과 삼각산 사이 성(城) 너머에 있는 동네, 달빛 속에 더 아름다운 북정마을이다. 김광섭 시인의 「성북동 비둘기」가 동네에 울려 퍼지는 산 좋고 물 좋은 양지마을 성북동(城北洞)이다.

삼각산 물줄기와 백악산 물길은 성북동 옛길 따라 성북천(城北川)

성북동 성곽길

도성 밖 성북동

으로 모인다. 백악산 동쪽에서 발원한 성북천은 가재가 물장구치는 '수고해(水鼓蟹)다리'인 삼선교를 지나 5.11km를 흘러 청계천으로 향한다. 비 오는 날 물길을 따라 내려가면 성북동은 물안개가 피어오르는 듯 아련한 추억의 도시로 변한다.

숙정문을 경계로 도성 안은 와룡공원이 있는 삼청동이며, 도성 밖은 삼청터널을 지나 북정마을이 있는 성북동이다. 산과 산이 아름답게 이어진 성북동에는 맑고 향기로운 이야기가 머무는 길상사도 있다.

일제강점기 수많은 독립운동가와 문인들이 이곳에서 자연과 함께 머물렀다. 만해 한용운의 심우장과 간송 전형필의 간송미술관이 지척에 있다. 두 분은 우연인 듯 필연인 듯 위창 오세창의 벗이자 동지이며 스승으로 성북동에 살았다.

도성 밖 북쪽 성곽이 펼쳐진 성북동 북정마을에는 도심 속 시골 같은 인심과 전원생활을 꿈꾸는 도시민들이 옹기종기 모여 살고 있다. 좁고 가파른 골목길 사이로 작은 집들이 오밀조밀 모여 있고, 소나무도 담 너머로 손짓한다.

푸른 산빛을 깨치고

단풍나무 숲을 향하여 난 작은 길을 걸어서

차마 떨치고 갔습니다.

만해 한용운의 「님의 침묵」 시구를 되새기며 심우장으로 향한다. 골목길을 내려오니 북쪽 삼각산을 바라보는 집 한 채가 향나무와 함께 있다. 바람은 차갑고 눈발이 휘날린다. 하지만 따뜻한 온기가 전해진다. 잃어버린 나를 찾는 곳, 바로 심우장(尋牛莊)이다.

독립운동가로, 시인으로, 불교 근대화의 선구자로 불경 공부와 참선에 열중하며 끊임없이 나를 찾아 나섰던 만해 한용운의 생애 유일한 집이다. 1879년 충청도 홍성에서 태어난 한용운은 월정사와 백담사에서 연곡 스님을 만났다. 그 뒤 불경 대중화를 위해 어려운 대장경을 주제별로 엮은 『불교대전』도 편찬했다. 문학에도 관심을 표출하면서 1918년 잡지 《유심》에 계몽적인 글을 발표한다.

민족대표 33인 중 백용성과 한용운은 불교계를 대표하는 인물이다. 만해 한용운은 독립선언서 공약 3장에 "최후의 1인까지 최후의 일각까지 정당한 의사를 쾌히 발표하라"라는 구절을 삽입해서 독립 의지를 더욱 다지게 했다.

심우장 ©최대원

만천하가 만세소리에 깨어났다. 태화관에서, 탑골공원에서, 기념비각에서, 대한문 앞에서, 남대문역에서, 경성역에서 독립만세운동은 불꽃처럼 전국적으로 번졌다. 만해는 체포 후 법정 최고형인 징역 3년을 선고받았으며, 출옥한 후에도 민족운동을 변함없이 펼쳤다.

옥고를 치른 만해는 성 너머 한 마을에 지친 몸을 뉘었다. 택호를 심우장으로 정하고 이곳에서 11년 동안 집필 생활을 했다. 1940년 창씨개명 반대운동과 1943년 학병 출정 반대운동도 쉼 없이 전개했다. 끼니를 이을 수 없는 궁핍한 생활 속에서도 평생 시와 수필을 쓰고, 소설을 기고하는 작가이자 교육자로 살았다. 일제의 극심한 탄압 속에서도 타협하지 않고 의연한 자세를 유지해온 만해는 1944년 아쉽게도 독립을 보지 못한 채 세상을 떠났다.

심우장은 오랜 세월 동안 수많은 사람들에게 마음의 안식처가 되었다. 소를 찾듯 나를 찾고, 나라를 찾듯 역사를 찾는 곳이다. 한평생 매운 지조와 날카로운 비판을 굽히지 않았던 만해 한용운을 이곳에서 만나야 하는 이유다.

고샅길 곳곳에 낙엽이 쌓이는 모습이 낯익다. 골목길 따라 담장낮은 서울에 몇 남지 않은 달동네의 고요한 풍경이다. 이곳을 지키는 사람들은 성북동의 저택과 아름다운 상가를 지었던 이 마을의 터줏대감들이다.

골목길의 작은 집과 집 사이 큰 소나무와 향나무는 누구를 기다리는 걸까? 단아한 기와집 한 채, 북향집이 오늘도 낭신을 기다린다. 사람도 꽃처럼 다시 돌아오면 좋겠다.

혜화문

성균관의 책 읽는 소리, 혜화동

쌀쌀한 날씨에 손이 시렵다. 노란 은행잎이 길 위에 소복소복 쌓인다. 소설이 지나니 얼음이 얼었다. 백악산을 내려오니 성곽길 아래 크나큰 은행나무와 느티나무 사이 큰 지붕 두 개가 보인다. 넓디넓은 마당과 높은 담 사이로 '명륜당'과 '대성전' 현판이 무겁게 달려 있다. 명륜(明倫)은 "인간사회에 윤리를 밝힌다"는 뜻이다. 600여 년 전 학생들이 이곳에 모여 글을 읽고 학문을 연구했다. 『논어』와 『맹자』, 『예기』와 『춘추』 그리고 『주역』을 명륜당에서 읽고, 동재와 서재에서 토론하며 꿈을 키웠다. 현명한 청년들이 도성 안 창덕궁 옆 명륜당에 모이니 이곳이 성균관(成均館)이다.

성균관의 명륜당과 대성전

이곳 명륜당의 현판은 전국에서 제일 크다. 명륜당 월대 아래 은행나무를 지나니 대성전이 보인다. 대성전은 공자와 그 제자들 그리고 우리나라 18성현을 모신 사당인 문묘(文廟)의 중심 공간이다. 봄, 가을 성균관 대성전에서 문묘제례악을 들을 수 있다. 명륜당이 있어 동네 이름이 명륜동이다. 명륜동에 오면 아늑하고 편안한 이유는 뭘까? 백악산 기슭의 산바람과 응봉의 새소리 그리고 성균관의 책 읽는 소리가 동재와 서재 그리고 진사식당 곳곳에 배어 있어서다.

성균관 입구에 있는 "두루 원만하고 편향되지 않기를 바라는" 영조의 탕평비와 2m 높이의 하마비를 지나 언덕길로 오른다. 혜화동 로터리를 지나니 고즈넉한 한옥으로 된 혜화동 주민센터가 보인다. 성균관과 명륜동 한옥마을에 어울리는 한옥 주민센터다. 이곳에 잠시 머물다 동쪽을 바라보니 혜화동성당 뒤에 성곽이 이어져 있다. 낙타의 등처럼 길게 늘어뜨려진 성곽 사이로 삼각산 보현봉과 인수봉도 손에 잡힐 듯하다. 인수봉 옆에 구름에 가린 백운대와 만경대도 보인다. 한양도성 가장 낮은 125m 낙타산에서 가장 높은 836.5m 삼각산 백운대까지 하늘 아래 구름 속에 있다.

그런데 혜화문(惠化門)은 어디에 있을까? 낙타산 정상에서도 낙타산 성곽길에서도 혜화문은 도무지 보이지 않는다. 조금 더 걸어가

성균관 하마비

본다. 가톨릭대학교 성신교정 안 혜화동성당에서 삼선교로 향하는 길목에 있어야 할 성문이 없다. 600여 년 전 동쪽의 대문 흥인지문과 북쪽의 대문 숙정문 사이 포천과 함흥을 가는 고갯길에 분명 혜화문이 있었다. 왜와 여진의 사신들은 성 밖 동평관(東平館)에서 유숙한 후 혜화문으로 드나들었다. 한양도성 동쪽의 소문인 혜화문이 동소문(東小門)이다. 낙타산과 백악산 기슭을 잇는 곳에 성문이 있다. 문루도 보인다. 100여 년 전 전차로 소실된 문루와 성문을 다시 옮겨 세웠다. 너무 높은 곳에 있어 찾기가 쉽지 않다. 혜화문의 가슴 아픈 현실이다.

혜화문을 경계로 도성 안은 종로구 혜화동, 도성 밖은 성북구 동소문동이 되었다. 은혜를 베풀어 주는 성문, 혜화문에 오르면 오래된 성벽 앞에서 웃음이 절로 난다. 해가 져도 움츠리지 말고 혜화문까지 걸어가 보자. 꿈과 희망은 언제나 당신 곁에 있다.

혜화문 ⓒ최대원

광희문

빗물이 모이는 곳, 광희동

퇴계로에 광희문(光熙門)이 있다. 광희문은 한양도성 남쪽의 소문이어서 남소문(南小門)이라고 불렀다. 도성 안 물이 나가는 성문이자 수문으로 수구문이라고도 했다.

광희문 사이에 광희동과 신당동이 있는데 광희동은 냉면, 신당동은 떡볶이로 유명하다. 겨울에는 뜨끈한 국물에 매콤한 떡볶이가 추억을 소환하고, 여름에는 시원한 냉면에 겨자를 곁들이면 일품이다. 광희문 성곽길 위에 서면 장충단 남소문동천 물소리가 들리는 듯하다. 비가 내리면 목멱산 소나무와 잣나무 사이로 빗물이 흘러내린다.

빗물은 과연 어디로 갈까? 목멱산 동봉을 적신 빗물은 국립극장과

광희문

97

석호정 활터에서 장충단으로 모였다. 넓고 긴 장충단의 수표교 아래로 흐르는 개천이 남소문동천이다. 장충단이 있어 장충천이라고 했고, 장충동과 한남동의 경계에 남소영과 남소문이 있어 남소문동천이라고도 불렸다.

남소문동천 물은 장충동 족발집을 지나 광희문 옆 동대문디자인플라자(DDP)로 흐른다. DDP는 야구의 메카 동대문운동장 자리를 헐고 지었다. 잠실야구장이 생기기 전 모든 야구의 역사는 이곳에서 이루어졌다. 봉황대기와 황금사자기 고교야구 그리고 대통령배 대학야구가 동대문야구장에서 시작하고 끝났다. 이곳에 이간수문이 숨겨져 있었다.

600여 년 전 목멱산 물길이 두 칸의 홍예문, 이간수문(二間水門)으로 흘러 도성 밖 청계천으로 모였다. 어느 날 사라져 버린 줄 알았던 이간수문이 나타났다. 도심 한복판에 불시착한 우주선 같은 DDP가 지어질 때 그 모습을 드러냈다.

'꿈꾸고 만들고 누린다(Dream, Design, Play)'라는 뜻을 가진 DDP 건물 뒤에 이간수문이 가려진 채로 있다. 1925년 일제강점기 경성운동장 건설로 우리 역사가 땅속에 파묻혀버린 것처럼 잘 보이지 않는다. 성곽길에서도 찾기 힘들다. 안타까운 현실이다. 역사 속

남소문동천

이간수문이 숨을 쉴 수 있게 해 주면 좋겠다.

을지로 6가 18번지, 청계천 오간수문 아래 도성을 통과하는 수문이 이간수문이다. 물은 도성 밖 청계천과 합류해 중랑천까지 흐른다. 쌍무지개처럼 홍예문 2개가 입을 딱 벌리고 있다. 상상 속 동물의 큰 콧구멍처럼 벌렁거리며 힘찬 기운을 내뿜는다. 이 문을 통해 임꺽정이 백성들의 원망과 희망을 싣고 다녔다.

이간수문은 사라져버린 오간수문과 같이 도성 안 물을 도성 밖으로 보내는 수문이다. 물 흐름을 나누는 뱃머리 모양 석축은 그야말로 예술이다. 이간수문과 치성(雉城, 꿩 꼬리와 같은 성곽)까지 볼 수 있다. 이간수문은 비 오면 자기 역할을 다한다. 장마에 활짝 웃는 수문이다.

바닷속 고래가 헤엄치듯 600여 년을 힘겹게 버텨온 이간수문은 우리 곁에서 함께 흘러가야 한다.

이간수문

서소문이 없는 서소문동

정동길에서 배재학당을 지나 숭례문으로 향하는 길에 언덕이 있다. 언덕을 오를 것인가, 내려갈 것인가? 잠시 길 위에서 내려다보니 기차가 지나간다. 도심 한복판 건널목에 차단기가 내려가고, 경고음 소리와 함께 차도 사람도 잠시 서 있다. 진기한 풍경이다. 서울역을 향하는 KTX 고속열차가 눈앞에서 천천히 지나간다. 이곳은 100여 년 전 성문이 있었던 언덕이다. 숭례문과 돈의문 사이에 있었던 '소의문 터'다. 소의문(昭義門)은 한양도성 서쪽의 소문이라하여 서소문(西小門)이라 불렸다.

그런데 소의문은 어디에 있을까? 소의문은 찾아도 보이지 않는다.

소의문 옛 모습, 김영택 펜화

빌딩과 빌딩 숲 사이에 성벽만 남아 있다. 길 건너 배재학당 역사박물관과 대한상공회의소 성벽을 따라 걸어도 성문은 보이지 않는다. 서소문은 일제강점기인 1914년에 가장 먼저 없어졌다. 가슴 아픈 성문에 얽힌 이야기가 '서소문동(西小門洞)'에 있다. 소의문이 없는 서소문동은 정동과 태평동 사이에 있다.

소의문은 광희문처럼 도성 밖으로 상여가 나가는 소문, 시구문이라 했다. 서소문 밖 저잣거리였던 이곳은 중죄인을 처형하는 형장이었다. 특히 서소문 밖 네거리에서 순교한 44명이 성인으로 선포된

소의문 터
칠패시장 터

한국 최대 순교성지다.

서소문 밖에는 마포나루와 양화진에서 운반된 수산물과 청과물이 거래되는 상업의 중심지 칠패시장(七牌市場)과 서소문시장이 있었다. 칠패시장이 있던 이곳은 서소문 순교자기념관이 있는 공간이다. 이곳에 죽음의 상징인 칼과 생명의 상징인 물을 대비시키는 탑도 있다. 또한 우리나라 최초의 서양식 성당인 약현성당도 서소문 밖에 있다. 서소문은 서소문동과 중림동의 경계다. 도성 안 대한문 건너 환구단이 있는 소공동과도 경계가 된다.

서소문 밖 네거리는 역사를 간직한 공간이자 문화를 소개하는 시민들의 휴식처다. 한강으로 가는 모든 물자는 서소문 밖으로 모여들었다. 혜화문이 있는 동소문동처럼 서소문이 서소문동 언덕 위에 다시 세워졌으면 좋겠다. 우리 곁에 소의문이 다시 보이는 그날을 그려 보자. 간절하면 꿈은 이루어진다.

가을이 오면 서소문동을 거닐며 마음판에 옛적 '서소문'을 스케치해 보자. 시간여행을 떠나면 발걸음 가는 곳에 마음이 닿고 어느새 소의문은 살아난다.

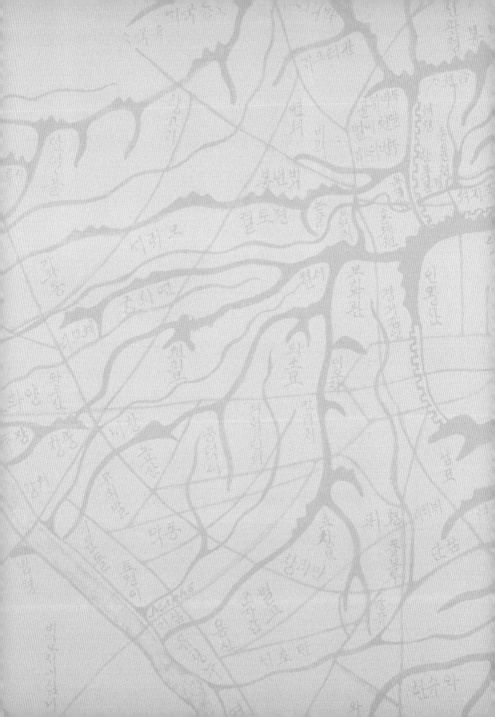

3

청계천에서
한강까지
물길 여행

청계천의 진원지, 경복궁 금천

청계천 광통교를 지날 때마다 600여 년 전 서울을 생각한다. 도대체 청계천 물은 어디서 오는 걸까? 비가 내릴 때나 눈이 내릴 때 청계천 물을 보며 생각에 잠긴다. 이럴 때 고개 들어 하늘을 보면 구름 한 점 없는 파란 하늘이 눈에 들어온다. 빌딩과 빌딩 사이로 산들이 보인다. 광화문 광장에 서면 눈앞에 궁궐이 보이고 그 뒤로는 반쯤 핀 모란 같은 산도 보인다. 경복궁 뒤 백악산이다.

청계천의 진원지를 찾아 경복궁으로 간다. 경복궁 궁담길 따라 놓인 동서남북 네 개의 문 중 정문은 광화문이다. 광화문 좌우에 있는 해치가 2층 누각과 3개의 홍예문을 밤낮으로 지키고 있다. 광화문에 들어서면 또다시 문을 만난다. 경복궁 근정전으로 향하는 길은 겹겹이 문이다. 흥례문에서 근정전과 백악산이 어렴풋이 보인다. 흥례문을 지나면 금천이 그 모습을 드러낸다. 그렇다면 금천의 물은 또 어디에서 오는 걸까? 자연적인 물길일까, 인위적인 물길일까? 청계천의 비밀이자 경복궁 물길의 열쇠가 금천에 있다.

경복궁은 수많은 장마와 홍수에도 잠기지 않았다. 종묘와 사직단 그리고 궁궐에 물길을 만들었다. 한양도성 안과 밖에도 수많은 물길과 옛길이 있었다. 경복궁 안 근정전과 경회루가 조선의 상징이다. 경회루는 600여 년 전 가장 경관이 좋은 곳이었다. 경회루 물은 고여 있어 보이지만 썩지 않는다. 경회지에 물이 고여 있지 않고 흐르고 있기 때문이다. 그 비밀은 경회지 아래 박석이다. 바닥이 평평하지 않고 기울기가 있다. 용천이 솟아올라 윗물을 밀어내어 금천을 지나 청계천에 모인다. 샘물은 끊임없이 차고 맑은 물로 샘솟아 물을 순환시킨다. 한 마디로 말해 경회루 물은 과학이다.

경복궁에는 과학과 철학이 깃들어 있다. 경복궁 정문인 광화문을 지나 흥례문, 근정문, 근정전, 북문까지는 거의 일직선이다. 근정전 뒤의 사정문, 왕과 왕비의 침전인 강녕전과 교태전을 지나 경복궁 후원 가는 길에 북문이 있다. 현무가 그려진 백악산 기슭 후원을 향

경복궁 경회루

하는 신무문이 마지막 문이다. 한양도성에 인의예지 사대문이 있듯, 경복궁 궁담길에도 봄, 여름, 가을, 겨울을 알리는 네 개의 문이 있다. 건춘문, 광화문, 영추문, 신무문이 춘하추동 순서대로 궁담길 따라 세워져 있다.

청계천 물은 한양도성을 잇는 내사산에서 흘러왔다. 높은 곳에서 낮은 곳으로 흐르는 것이 물의 속성이다. 백악산 대은암천, 인왕산에서 시작된 백운동천과 옥류동천, 목멱산 남소문동천은 청계천으로 물이 모인다. 청계천 물길의 시작은 경복궁 금천이고, 경복궁 금천의 시작은 경회루와 향원정의 물길이다. 경복궁이 600여 년 역사의 상징인 이유이다.

청계천은 오늘도 말없이 흐른다

100여 년 전 한양은 어디까지였을까? 고산자 김정호는 〈수선전도〉에 한양도성에서 한강에 이르기까지 한 폭의 그림처럼 간결하지만 구체적인 한양의 모습을 그려 놓았다. 도성 안 종묘와 사직단 그리고 궁·궐 뿐만 아니라 골목길 구석구석 동네 이름까지 상세히 그려져 있다.

한양도성 물은 어디로 흘러갔을까? 인왕산과 백악산 빗물은 남쪽을 향해 흐른다. 목멱산 빗물은 북쪽을 향해 흘러간다. 인왕산 옥류동천과 백운동천은 경복궁 영추문 밖으로 흘러 자수교에서 종침교를 지나 청계천 광통교에 이른다. 백악산 삼청동천 물은 경복궁 건

圖全善首

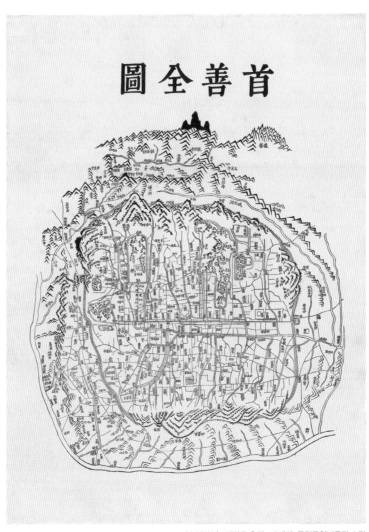

〈수선전도〉, 김정호 추정, 18세기, 국립중앙박물관 소장

춘문 밖으로 흘렀다. 도성 안 모든 물은 도심 한복판 청계천으로 모였다. 청계천 물길은 서쪽에서 동쪽으로 흐른다. 청계천은 도심의 경계다. 청계천 위는 종로이고, 경운궁 대한문을 지나 숭례문 밖 남묘와 남지 그리고 남단까지가 중구다. 도성 밖 목멱산에서 둔지산을 지나 한강까지는 용산구다.

산과 천이 있어 도성 안에는 다리가 많았다. 김정호의 〈수선전도〉를 보면 청계천 본류에 모전교, 광통교, 장통교, 수표교, 하랑교, 효경교, 마전교, 오간수문, 영도교 등 9개의 큰 다리가 있었다. 또 다른 서울 지도인 〈수선총도〉에도 물길과 옛길이 만나는 곳에 무려 190여 개의 다리가 그려져 있다. 경복궁 광화문을 지나 육조거리를 지나서 다리를 건너야만 종로에 이른다. 광통교와 수표교가 대표적인 청계천 다리다. 현재는 한양도성을 동·서로 관통해 오간수문을 지나 중랑천까지 10.84km를 따라 24개의 다리가 놓여 있다.

청계천 다리는 단순히 물을 건너는 수단이 아니었다. 다리는 만남의 장소요, 모임의 장소였다. 또한 오가는 사람들의 쉼터였다. 다리 밑에서 땀을 씻고, 먹거리를 찾았다. 5대 명절에는 다리밟기, 연날리기, 연등놀이, 돌싸움과 택견을 했다.

도성 안 물소리가 청량하다. 흐르는 물은 삶의 지혜를 알려 준다.

물은 언제나 낮은 곳을 찾아 흐르는 겸손, 막히면 돌아갈 줄 아는 지혜, 더러운 물도 받아주는 포용력과 어떤 그릇에도 담기는 융통성이 숨어 있다. 하지만 물은 너럭바위도 뚫는다.

인왕산 수성동계곡은 물소리만 고요히 내며 도도히 흐른다. 청계천으로 흘러 중랑천에서 다시 한강으로 모인다. 옥수동에 있던 나루터 두모포에 모인 옥구슬 같은 물은 노들섬, 용산강, 서강을 지나 양화진에서 강화도 앞 서해로 흘러간다.

물은 겉모습이 변해도 본질은 변하지 않는 신의가 있다. 시간이 지나도 도성 안 백탑과 종각은 그대로다. 코로나가 지나가고, 새로운 시대가 열리면 보신각 종소리가 우리의 가슴을 울릴 것이다. 그날이 오면 그 함성을 따라 그곳으로 모두 함께 가 보자. 청계천은 오늘도 말없이 흐른다.

수표동에는 수표교가 없다

청계천을 걷다 보면 광통교에서 걸음이 저절로 멈춰진다. 교각과 광통교 신장석을 보면 600여 년 전의 이야기를 엿볼 수 있다. 태종 이방원의 정적인 신덕왕후 강씨 '정릉'의 돌들이 광통교의 교각이 되었다. 신장석 일부는 거꾸로 놓였지만 세련된 당초 문양과 구름 문양은 전통문화와 역사를 한눈에 보여 준다. 광통교는 청계천에서 매우 중요한 다리다. 하지만 수표교(水標橋)는 보이지 않는다.

수표교는 어디에 있을까? 광통교와 함께 도성 안에서 가장 유명한 다리가 수표교였다. 수표교는 왕이 행차를 했던 다리였다. 600여 년 전 수표교는 개천의 수위를 측정하는 다리였는데, 길이 27.5m, 폭

장충단에 있는 수표교

수표교 교각

8.3m로 45개 교각이 있었다. 건천이나 비가 오면 인왕산과 백악산, 목멱산의 물이 개천으로 모여 범람할 정도였다. 유량의 변화도 심하고, 유속도 강해 마름모꼴 교각의 형태로 만들어 물의 저항을 최소화한 당대 최고의 다리였다. 과학기술이 한 곳에 모였던 수표교는 이제 청계천에 없다. 수표교가 있어 수표동이었는데, 수표동에 수표교가 없다.

수표교는 장충동에 있다. 청계천 복개 공사로 세검정천이 있는 신영동에 이전되었다가 다시 장충단으로 옮겼다. 수표교는 청계천을 떠나 장충단 남소문동천에 외롭게 서 있다. 목멱산 아래 남소문동천이 흐르는 벽천(碧川)인 장충단비와 신라호텔 사이에 수표교가 숨어 있다. 아무도 수표교를 찾지 않는다. 장충동에 큰 다리가 있는 줄도 모른다. 가슴 아픈 현실이다. 수표교를 바라보면 긴 한숨만 나온다.

비가 내리면 도성 안 빗물은 청계천으로 모인다. 눈이 녹으면 남소문동천 수표교 물은 이간수문을 지나 청계천으로 흐른다. 청계천 물의 양을 측정한 수표교가 제자리에서 보신각 종소리를 들을 수 있는 날은 언제 오려나…….

만초천과 용산팔경

인왕산에 내리는 빗물은 어디로 흘러갈까? 비를 맞으며 수성동계곡에서 물길 따라 올라간다. 밤의 길이가 조금씩 짧아진다. 아침 해를 보니 낮의 길이가 노루 꼬리만큼 조금씩 길어지고 있다. 쌀쌀한 바람이 산기슭을 따라 내려온다. 겨울의 주인일까, 자연의 섭리일까? 물줄기를 거슬러 산 정상으로 향한다. 가파른 산길 숨소리가 목구멍까지 차오른다. 오르고 또 오르니 바위와 바위 틈에 좁은 성곽이 우뚝 서 있다. 잠시 바위에 걸터앉아 하늘을 본다. 구름이 바람결에 사라지고 도성 안과 밖이 한눈에 들어온다.

인왕산 정상에 오른다. 성곽이 목멱산까지 용꼬리처럼 이어져 있다. 도성 안 계곡물은 수성동계곡에 모여 청계천으로 간다. 도성 밖 빗물은 어디로 갔을까? 안산이 붉게 물든다. 안산과 인왕산 사이가 무악재다. 무악재는 작고 좁은 고갯길이었다. 의주로 가는 중요한 길목으로 이름도 다양해 모래재, 사현으로 불렸고 또 말안장처럼 편안한 산을 넘는 고개여서 길마재, 안현이라고도 불렸다. 무악(毋岳)은 어머니처럼 포근한 산으로 무악재는 의주로 가는 1번국도가 지나가는 고개이고 서울 시내와 한강을 잇는 주요한 고개이자 도로이다.

무악재에서 발원한 물이 만초천(蔓草川)이다. 인왕산 빗물이 도성

인왕산 곡성 아래 만초천 발원지

밖으로 가는 물길의 시작이다. 만초천은 독립문을 지나 돈의문 사거리에서 서울역 뒤 청파로 굽이굽이 흘렀다. 만초천이 원효로를 따라 한강으로 흘러가는 큰 냇가 주변은 무성한 넝쿨로 이루어져 있었다. 청파역에 배다리도 있었다. 한강으로 내려와 호리병처럼 넓게 용산 일대로 흘러갔다. 무악재에서 내려오는 물줄기를 무악천이라 불렀다. 도성 밖 물줄기로 길고 깨끗한 물길이다.

복개되기 전 7.7km의 만초천에는 다리가 많았다. 교남동과 교북동 경계에 석교, 경교장 이름의 유래가 되는 경교, 새로운 다리인 신교가 있었다. 서소문역사공원 북쪽 흙다리이자 헌다리로 불리는 이교, 약현성당으로 가는 염천교, 청파 배다리 주교와 욱천교 지나 원효대교 아래 용산강까지 만초천에는 다리가 셀 수 없이 많았다. 만초천의 또 다른 발원지인 목멱산에서 도성 밖으로 내려오는 물은 미군기지가 있는 둔지산을 따라 삼각지에 모여 한강으로 흘렀다. 만초천은 칡나무가 많아 갈월천, 넝쿨이 많아 넝쿨내라고도 불렸으며, 용산팔경(龍山八景) 중 하나였다.

용산강 물줄기는 인왕산과 목멱산 그리고 둔지산 기슭으로 흘러 삼각지까지 맑은 물이 넝쿨내로 들어갔다. 용산강에는 횃불을 켠 고기잡이배가 넘실거렸다. 넝쿨내에서 참게잡이를 하는 모습은 용산팔경 중 하나였다. 용산에 숨어 있던 아름다운 물줄기는 지금 어디에 있을까. 만초천 따라 용산에서 참게잡이를 할 수 있는 날은 언제쯤 올까?

생태의 발원지, 중랑천

　도성 안 청계천 광통교에서 수표교 지나 오간수교 따라 10.84km
를 걸으면 커다란 물줄기를 만난다. 도성 밖 성저십리에서 왕십리
끝, 가장 오래되고 긴 다리인 살곶이다리(箭串橋)가 중랑천(中浪川)에
있다. 역사 속 중랑천은 뱃길이며, 두모포는 교통의 요충지였다. 중
랑천과 한강이 만나는 곳에 물이 있고, 풀이 자라는 습지가 있어 목
마장도 있었다. 서빙고 얼음 채빙도 두모포 살곶이다리 아래에서 이
루어졌다.

　한강과 중랑천이 만나는 두모포에는 어떤 사람들이 오고 갔을까?
북한강과 남한강을 통해 들어오는 물자가 중랑천 물길 따라 두모포

살곶이다리

에 모였다. 옥구슬처럼 맑은 물이 흐르던 옥수동이 두모포다. 흐르
는 강물을 거슬러 오르는 수달처럼 중랑천의 시작점을 찾아 길 위에
서 보자.

　걸어서 갈까, 자전거를 탈까? 중랑천은 넓고 길지만, 강변이 숲과
꽃으로 울창하다. 맑은 물에 잉어와 백로도 함께 노닌다. 중랑천의
또 다른 이름은 무엇일까? 도성 밖 중랑천은 그 옛날 한양을 가르는
경계다. 도성 밖 성저십리까지가 한성부요, 삼각산과 도봉산 너머

수락산과 불암산 아래 용마산 일대는 모두 양주였다.

36.5km 넘게 흐르는 중랑천은 이름도 다양하다. 도봉산에 도봉서원이 있어 도봉동에서는 서원천·서원내, 누원이 있던 상계동에서는 한강의 새끼 강이라 샛강·샛개라 했다. 또한 한강 위쪽에 흘러 한천·한내라 불렀고, 중랑개·중랑포라는 이름도 있다. 이름이 많아도 동네에 얽힌 이름이라 정겹다. 중랑천은 양주에서 한강까지 꽤 멀고 긴 물길이자 뱃길이었다.

중랑천 상류는 경기와 서울의 경계다. 중랑천 발원지는 양주 불곡산이다. 물길 따라 의정부를 지나 노원구와 중랑구 경계에서 지류를

중랑천과 청계천이 만나는 두모포

만난다. 유양천, 당현천, 호원천, 도봉천, 우이천, 묵동천, 면목천, 방학천, 태릉천, 정릉천, 성북천, 청계천 등 중랑천은 13개 지류로 이루어졌다. 서울의 북동쪽 산에서 흘러오는 계곡물이 중랑천에 모여 살곶이다리에서 청계천과 합류한 후 두모포를 지나 한강으로 모여 서해로 흐른다.

중랑천은 양주와 의정부에서 시작하는 역사의 출발점이자 생태의 발원지다. 중랑천 따라 태릉과 강릉 그리고 온릉과 양주향교를 지나 회암사까지 갈 수 있다. 또한 게너미 고개에 오르면 임진왜란 때 최초로 승리한 육지 전투의 전첩지도 볼 수 있다. 노아산 기슭에 해유령(蟹踰嶺) 전투로 알려진 부원수 신각 장군을 모신 충현사도 있다.

도봉산과 사패산을 오가는 꿀벌처럼 중랑천과 한강이 만나는 두모포에서 맑은 눈의 수달을 찾아보자.

한강 3대 나루터, 양화진

춥지 않은 소한 없듯 포근하지 않은 대한도 없다. 겨우내 얼었던 얼음들이 녹기 시작한다. 추위도 조금씩 누그러지고 있다. 서빙고를 따라 노들섬을 지나니 노들강변 봄버들이 손짓한다. 화려한 노들섬에 비하면 밤섬은 갈 수 없는 무인도다. 백로가 노닐던 노들섬과 한강변 버드나무에 물이 오르는 듯 색깔이 조금씩 바뀐다. 24절기 마지막 대한이다. 아직 찬 공기가 목덜미에 앉는다. 밤 모양 같은 밤섬에 오리들이 오가며 바뀌는 계절을 알린다. 밤섬에는 사람이 언제까지 살았을까?

강물을 바라보니 출렁대는 물결 소리가 마치 파도와 같다. 원효대

용산강이 흐르는 한강 위 밤섬

교 아래 만초천을 만난 용산강은 바닷물처럼 출렁거린다. 용산강은 만초천이 모이는 한강의 또 다른 이름이었다. 목멱산 아래 경강, 만초천 하류의 잔잔한 호수 같은 용산강, 그리고 서강을 지나 양화진까지 바람을 따라 걸어간다. 만조 때 양화나루에서는 숭어와 감성돔이 잡힌다고 한다. 사실일까? 양화대교까지 바닷물이 밀려온다. 화려한 아치형 다리와 지하철이 다니는 당산철교 사이에서 강물이 멈춘다. 출렁이는 물결과 교각에 부딪치는 물소리, 잡히는 고기까지 바다라고 해도 낯설지 않은 풍경이다. 양화대교는 수많은 한강 다리 중 가장 많은 사연을 간직한 다리다.

양화나루에서 바라본 양화대교

양화진은 한양에서 양천 지나 강화로 가는 유일한 뱃길이었다. 그 옛날 바닷물이 용산강까지 왔으니 용산은 그야말로 도성 밖 가장 번성한 곳이었다. 한강 수위가 낮아지면서 양화진이 용산강 역할을 했다. 한양도성에서 양천과 강화로 나살 때 양화나루를 반드시 거쳐야 했다. 송파진, 한강진 그리고 양화진은 한강의 3대 나루터였다. 한강 가운데 가장 경치가 아름다운 강변도 용산강과 양화진이다. 정자가 많고, 머무르는 사람도 많았다. 양화나루는 봄이 되면 꼭 가고픈 곳이다.

버드나무가 우거져 버들꽃 피는 봄이면 많은 사람들이 오간다. 한강에서 솟아오른 봉우리가 마치 머리를 치든 누에와 같아 '잠두봉'이라 부르기도 했고, 용 한 마리가 한강에서 올라와 봉우리에 앉아 있어 '용두봉'이라고도 했다. 높지 않은 봉우리이지만 행주산성과 궁산까지 볼 수 있는 군사적 요충지다.

들머리라 불리는 잠두봉의 시작은 도대체 어디일까? 한양도성을 둘러보니 인왕산과 안산에서 산줄기가 이어진다. 금화산을 거쳐 용머리가 있는 용산과 와우산 지나 잠두봉까지 이어지니 한강변 양화진이 더욱 중요한 자리이다.

양화나루 언덕의 절두산은 또 어디인가? 한강 따라 누에머리를 닮은 잠두봉에 다다르면 고개가 저절로 숙여진다. 병인양요와 병인박해로 수많은 천주교인들의 목이 잘려 나간 가슴 아픈 곳이다. 꿈틀거리는 누에머리를 닮은 잠두봉은 누군가의 머리를 자른 절두산(切頭山)이라는 슬픈 이름을 가지게 되었다. 버들꽃 날리는 아름다운 풍경 뒤 수천 명의 피로 얼룩진 순교성지 양화진에 한국천주교순교자박물관이 있다. 그리고 우리나라 최초의 신부인 김대건 안드레아 신부 상이 한강 너머 서해를 바라보며 묵묵히 서 있다.

절두산 순교성지

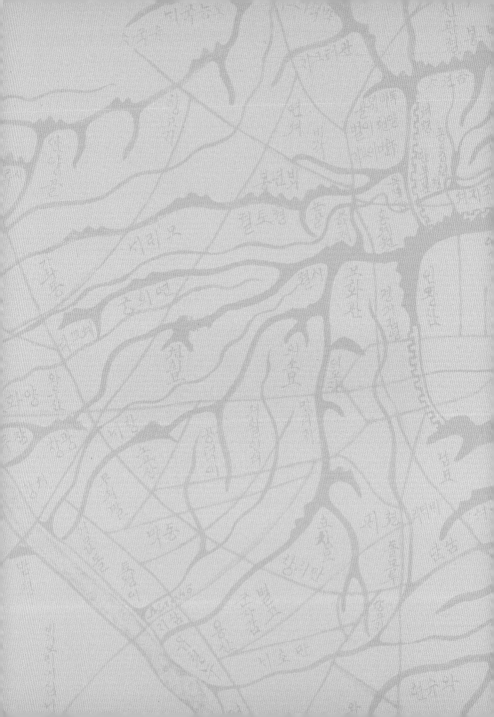

종묘에 없는 왕

"종묘와 사직에 의하면… 종사를 지키시려면…"

사극이나 영화에서 한 번쯤 들어본 낯익은 대사다. 왕은 살아서 궁과 궐에, 죽은 몸은 능에, 영혼은 종묘에 모셨다. 한양으로 수도를 옮긴 태조 이성계는 백악산에 올라 종묘와 사직단의 위치를 찾았다. 그리고 법궁인 경복궁을 지었다. 경복궁에서 걸어서 10여 분 거리에 사직단이, 창덕궁에서 10여 분 거리에 종묘가 있다. 경복궁보다 종묘와 사직단을 먼저 지었다.

조선은 왜 궁보다 종묘와 사직단을 먼저 지었을까? 종묘는 사직단만큼 신성한 공간이다. 단층으로 101m나 되는 우리나라에서 가장 긴 목조건물이 종묘에 있다. 20개의 기둥과 19칸의 문은 단조롭지만 엄숙하다. 19위 왕과 30위 왕후 신주를 모시는 신성한 공간이다. 담은 높고 길어서 밖에서는 전혀 보이지 않는다. 남문과 동문, 서문을 통해 거친 박석을 걸어야 왕과 왕후를 만날 수 있다. 이곳이 도성 안 청계천 북쪽에 있는 종묘 정전(正殿)이다.

종묘 정문을 들어서면 2개의 못이 있다. 봄이 오면 꽃이 피고, 여름이면 나무가 울창하게 바뀐다. 오른쪽 연못에 작은 섬도 있다. 동

천원지방을 표현한 지당

그란 섬 위에 나무가 커다랗다. 천원지방(天圓地方)의 전형적인 형태다. 모난 것은 땅에, 둥근 것은 하늘에 있다. 하늘은 우주처럼 둥글고, 땅은 바둑판처럼 모가 나 있다. 하늘과 땅과 사람이 함께하는 이상적 사회를 꿈꾸며 지당도 만들었다. 자연의 이치를 한눈에 볼 수 있다. 다른 연못과 달리 생물은 없다. 물고기가 살지 않는 못이다. 물결의 흐름이나 요동도 허락하지 않는다. 소방전 역할도 했으니 지혜로운 공간이다.

지금은 없지만 도성 밖 남지와 동지, 서지처럼 지당이라 부르는 종묘 안 못은 그 수가 적지 않았다. 상지, 중지, 하지 3개의 지당이 있었으나 현재는 2개만 남았다. 정문에서 종묘 정전과 영녕전까지 3개의 길이 펼쳐져 있다. 신의 길과 왕의 길 그리고 세자의 길이다. 길 위에 길이 또 있다. 3개의 길 좌우에 있는 못은 내용을 알고 걸으면 엄숙하고 경건하다. 지당은 고요하고 은은하여 마음을 차분하게 한다.

정전을 지나면 영녕전(永寧殿)이다. 왕가의 조상을 기리고 자손의 평안을 기원하던 공간이다. 재위 기간이 짧았던 15위 왕과 19위 왕후가 모셔져 있다. 노산군으로 폐위된 단종과 정순왕후 송씨도 복위된 후 모셨다. 지붕도 다르고, 박석도 다르다.

종묘 영녕전

종묘에 또 다른 역사적인 공간이 있다. 공신당과 칠사당이다. 계절마다 다른 칠신을 모신 사당과 83위 공신들을 모신 사당이다. 또한 고려의 왕 공민왕과 노국대장공주를 모신 공민왕의 신당도 있다. 역사는 묻는다. 종묘에 신주가 없는 왕은 도대체 누구인가? 조선 27대 왕 중 왕이 아닌 군으로, 왕릉이 아닌 묘가 있을 뿐 종묘에 신주가 없는 왕은 연산군과 광해군이다. 그들은 죽어서도 슬픈 역사 속에 갇혀 있다.

종묘는 고요하다. 새순이 움트는 소리와 꽃피는 소리 그리고 바람 소리만 들린다. 600여 년 서울 한복판을 지켜 온 종묘는 단순하지만 격식이 있다. 단청은 없지만 절제된 아름다움이 있다. 살아 있는 절대권력도 이곳에서는 겸손과 예를 지켰다.

비운의 소나무 고개, 송현

경복궁 광화문에서 창덕궁 돈화문으로 향하는 길은 약간 오르막이다. 경복궁 궁담길 끝에 섬처럼 우뚝 서 있는 전각이 보인다. 동십자각(東十字閣)이다. 전각인 듯 망루인 듯 동십자각에서 좌우를 살피니 빌딩 숲에 높은 담벼락이 보인다. 높은 담벼락 안에는 무엇이 있을까? 수십 년간 담벼락 안을 볼 수도 갈 수도 없었다. 경복궁과 창덕궁 사이, 소나무가 울창한 고개가 있어 솔재라 불리던 송현(松峴)이다.

백악산에서 숙정문 지나 말바위를 따라 산줄기가 내려온다. 산줄기는 삼청단을 지나 가회동 북촌한옥마을에서 송현까지 이어져 잠

다시 되찾은 송현

시 멈춘다. 송현 옆 삼청동천과 안국동천 물줄기는 청계천으로 향한다. 송현 건너 종로구청 자리가 삼봉 정도전의 집터다. 종로소방서와 이마빌딩까지 너른 공간이 개국공신으로 유종공종(儒宗功宗)의 으뜸인 삼봉 정도전의 집이었다. 유학에 관한 학식이 으뜸이요, 모든 공도 제일 크다며 태조 이성계가 어필을 하사한 곳이 수진방(壽進坊) 수송동이다.

송현은 옛 한국일보사와 종로문화원이 있던 고갯마루다. 송현동은 600여 년 전 조선의 '건국'과 110여 년 전 대한제국의 '망국'을 함께한 비운의 땅이다. 삼봉 정도전은 한양을 설계한 후 송현에서 태종 이방원에게 목숨을 잃고 역사에서 지워졌다. 하지만 475년 후 경복궁 중건으로 신원되어 역사 속에 되살아났다. 망국역신 벽수 윤덕영은 경술국치에 순정효황후가 치마 속에 감춘 옥새를 빼앗아 519년 조선을 역사에서 사라지게 한 후 자작 작위를 받았다. 그 공로(?)로 송현동 일대를 차지했으나 결국은 역사의 오점으로 남았다.

송현동의 소유자는 있었지만 마땅한 주인이 없어 땅은 숨어 지냈다. 왕실 소유의 솔숲에서 세도 가문과 친일파 윤덕영·윤택영 형제 그리고 미국 대사관 직원들, 최근에는 삼성에서 한진그룹까지 주인이 수차례 바뀐 굴곡진 역사 속 땅이 송현동이다.

하지만 역사는 돌고 돈다. 서울시청 광장보다 3배가 넓은 송현동은 문화의 터로 탈바꿈되어 국보와 보물이 가득한 '이건희 컬렉션'도 볼 수 있게 되었다. 경복궁 건춘문 옆 국립현대미술관과 용산의 둔지산 기슭 국립중앙박물관에 기증된 2만 3,181점보다 더 가치 있는 소장품이 한곳에 모이길 기대한다. 송현동을 중심으로 600여 년 전 한성부 북부 관광방(觀光坊)이 다시 살아나고 있다. 빛이 나는 동네를 다시 볼 수 있게 된 것이다.

역사의 동네, 문화의 마을, 관광의 도시로 다시 꿈틀거리는 송현동에서 인왕산 수성동계곡 겸재 정선의 그림터까지 걸어 보자.

사직동에는 사직단이 있다

인왕산 곳곳이 꽃밭이다. 봄에서 여름으로 가는 길목에 나무와 꽃들이 울울창창하다. 소나무도 새순과 함께 송화 봉우리가 터질 듯 부풀어오른다. 이른 아침 인왕산 성곽길 따라 사람들이 올라간다. 연두색으로 갈아입은 산허리에서 서울 한복판을 바라본다. 경복궁과 창덕궁이 푸르게 우거지고 있다.

창경궁과 긴 지붕이 펼쳐진 종묘도 가깝게 보인다. 종묘는 보이는데 사직단은 어디에 있을까? 인왕산 아래 한양도성 서쪽 경복궁과 경희궁 사이, 사직터널 가기 전에 사직단이 오롯이 있다. 경복궁에서 걸어서 10여 분이면 사직단에 도착한다. 사직단은 사단(社壇)과

사직단

직단(稷壇)으로 간결하게 이루어져 있다. 이곳에서 왕과 대신들은 기우제와 기청제 그리고 기곡제를 지냈다. 나라의 근간인 토지가 비옥하고 곡식의 풍요를 빌었던 곳이다. 하지만 눈에 잘 보이지 않는다. 아니 우리에게 그리 중요하지 않은 공간이 되었다. 하지만 사직단은 종묘보다 더 중요한 공간이다. 한 나라의 리더십이 발휘되는 곳은 종묘가 아닌 사직단이었다.

농경사회 시절 백성은 땅에 씨를 뿌리고 거두면서 삶을 일구었다. 땅은 '밥이고 약이고 꿈이고 삶'이었다. 이처럼 사직단은 백성들의 편안한 삶과 풍요를 기원하기 위한 공간이었다. 백성이 가장 귀하고, 사직은 다음이요, 왕은 그 다음인 것이다. 땅이 없는 나라가 없듯 곡식 없는 경제와 경영도 없다. 땅이 있는 곳에는 물이, 토지와 곡식이 있는 곳에는 사직단이 필수불가결한 공간이다. 부산, 광주그리고 남원과 산청 지나 천안에도 사직단이 있고, 사직동(社稷洞)이있다.

사직단은 사직공원이 아니다. 궁과 궐에 왕이 살았고, 종묘에 왕과 왕비의 혼을 모셨듯 사직단은 토지의 신과 곡식의 신에게 제를 올리는 신성한 공간이었다. 종묘가 유네스코 세계문화유산으로 지정되어 중요성을 입증받았듯 사직단 역시 우리의 역사와 문화가 깃든 소중한 유산이다.

　서울에서 가장 오래된 골목길이 있는 서촌의 시작점 사직단에는 곰솔 같은 소나무와 키 큰 느티나무가 고향처럼 반긴다. 사직단으로 들어서면 새 소리와 바람 소리만 들린다. 빌딩 숲의 번잡함과 차량들의 소란함이 어느새 사라진다. 바람이 향기롭다. 정문을 지나 북신문(北神門)을 열고 3단 흙으로 된 사단과 직단을 바라보면 마음이 차분해진다. 600여 년 전 1천여 명이 한 걸음 한 걸음 걸으며 정성을 다해 제를 지냈던 그날의 모습이 머릿속에 그려진다.

　도성 안 사람들이 살아온 흔적, 도성 밖 과거와 현재가 쌓여 미래가 되는 이곳이 100년 후에도 남아 있기를 바란다.

꿈이 남아 있는 정동길

사람들에게 꿈을 주는 정동(貞洞)길을 모르는 사람이 있을까? 정동은 왜 정동일까? 600여 년 전 태조 이성계의 꿈과 사랑이 이곳에 숨겨져 있다. 조선 최초의 왕후이자 세자 방석의 어머니인 신덕왕후 강(康)씨의 능이 정릉(貞陵)이다. 신덕왕후 강씨가 갑자기 세상을 떠나자 태조 이성계는 경복궁에서 가장 가까운 곳에 능을 만들었다. 도성 안에 묘를 쓸 수 없는 능법이 있었지만 애틋함을 간직하고자 이곳에 조성한 것이다. 정릉과 원찰 흥천사는 언덕이 있는 러시아 공사관 터와 경기여고 터를 지나 덕수초등학교까지 1만여 평으로 추정된다. 하지만 태조 승하 후 태종 이방원은 정릉을 파헤치고,

정릉의 석물들을 청계천 광통교 건축에 사용했다. 정릉은 성북구 정릉동으로 옮겨졌으나 정릉에 얽힌 가슴 아픈 이야기는 중구 정동에 아직 남아 있다.

햇살이 따뜻하다. 청계천에서 경복궁을 바라본다. 빌딩과 빌딩 숲 사이 광화문 뒤로 백악산과 보현봉이 보인다. 인왕산이 손에 잡힐 듯하다. 오를까 생각하다 발길을 돌려 경운궁으로 간다. 청계천을 지나 횡단보도를 건너니 경운궁 대한문이다.

덕수궁으로 불리고 있지만 궁호는 경운궁이다. 덕수궁 돌담길은 잘 알려져 있지만 경운궁 궁담길은 모른다. 덕수궁 대한문은 익숙해도 경운궁 대안문은 아직 낯설다. 덕수궁은 성종의 친형이자 세조의 장손 월산대군의 사저였다. 임진왜란 후 모든 궁이 불타 버렸을 때 선조가 한양도성으로 돌아와 잠시 머물던 정릉동 행궁이다. 행궁은 주변의 집들을 사들여 규모가 점점 커져 정동 1번지를 거의 차지했다. 광해군이 창덕궁 중건 후 이궁을 하며 정릉동 행궁에 궁호(宮號)를 내려 경운궁(慶運宮)이 되었다.

궁담길 따라 100여 년 전으로 걸어 들어간다. 120여 년 전 경운궁 선원전을 지나 경운궁과 경희궁이 보이는 가장 높은 언덕에 아관(러시아 공사관)이 있었다. 개화기 1880년대 정동은 외국 문물이 들어오

경운궁 궁담길

는 관문이었다. 1876년 강화도조약 체결 후 서양 제국들은 도성 안으로 물밀듯 들어왔다. 미국과 러시아가 통상관계를 계기로 정동은 세계에 문을 열고, 돈의문을 통해 신문물을 도입했다.

1880년대 중반 정동은 전통과 근대가 공존하는 대표적인 곳이었다. 모더니즘의 시작점이었다. 1883년 미국 공관을 시작으로 서양식 건물과 서양식 물건, 서양식 복장과 서양식 음식이 자연스럽게 들어왔다. 근대의 맛과 멋이 길 위에서 시작되고 퍼져나갔다.

경운궁은 황궁이 되고, 경운궁 궁담길에는 열강의 공사관들이 즐비하게 늘어섰다. 양화진을 통해 돈의문으로 외교관들이 들어와 공사관을 지었다. 영국 총영사관, 러시아 공사관, 프랑스 공사관, 독일 공사관, 이탈리아 공사관과 벨기에 공사관까지 경운궁 궁담길 주변을 에워쌌다. 공관들이 즐비하게 되자 정동은 새로운 외교의 거리가 되었다. 정동은 외교·교육의 중심지로 서양문물이 넘쳐났다. 당구장과 커피숍도 생겼다. 외교관과 선교사, 의사, 교사 그리고 금광 채굴 엔지니어, 전기기술자 등의 외국인들로 인해 정동길은 새로운 문명의 거리가 되었다. 밤이 되면 정동은 사교의 거리로 변해 요즘 말로 '핫 플레이스'였다.

을미사변으로 명성왕후를 잃은 고종은 경복궁을 버리고 정동에 있는 아관으로 거처를 옮겼다. 인왕산과 백악산 그리고 목멱산까지 한눈에 들어오는 명당이었다. 고종은 1년 7일간 아관에 머물며 한반도의 미래를 꿈꾼 후 경운궁으로 환궁하여 1897년 대한제국을 선포했다.

고종은 연호를 광무(光武)로 정하고, 황제로 즉위하여 환구단에서 하늘과 땅에 제를 올렸다. 대한제국은 '옛것을 근본으로 새것을 참작한다'는 구본신참(舊本新參)으로 의례를 정비하고 개혁을 추진했다. 자주독립국의 상징으로 독립문을 만들고, 오얏꽃과 태극기를 사용했다. 대한제국은 당당히 외국들과 동등한 관계에 서서 문호를 개방하려고 노력했다.

석고와 황궁우

대한제국은 서울을 전통과 근대가 공존하는 도시로 설계하려 했다. 경운궁은 전통적인 건축과 서양의 건축이 만나는 공간이다. 중명전은 궁궐에 지어진 최초의 서양식 건축물이다. 석조전은 대한제국이 열강들과 견주어 뒤지지 않게 지었지만 쓰지는 못했다. 또한 정관헌(靜觀軒)은 동양과 서양의 건축양식이 혼합된 건물이다. 정관헌의 기둥에는 황실의 행복을 상징하는 박쥐가 그려져 있다. 정관헌은 고종이 커피를 마시며 음악을 듣고 외교사절단을 만났던 궁 안의 고요한 공간이다.

감리교 선교사들은 정동에 교육시설과 의료시설을 만들었다. 아펜젤러는 정동 34번지에 최초의 근대식 학교인 '배재학당'을 세웠고, 스크랜턴은 최초의 여학교인 '이화학당'을 세웠다. 두 학교 사이에는 최초의 근대식 교회 '정동제일교회'가 지어졌다.

하지만 대한제국의 꿈은 사그라지기 시작한다. 1904년 러일전쟁에서 승리한 일본은 1905년 11월 17일 중명전에서 총칼로 위협하여 외교권을 박탈한다. 을사늑약이다. 을사늑약 후 전국 곳곳에서 저항운동이 다시 불꽃처럼 일어난다. 민영환은 자결을 하고, 장지연은 《황성신문》에 '시일야방성대곡(是日也放聲大哭)'이라는 논설을 발표한다. 곳곳에서 의병이 일어나고, 을사오적을 처단하자는 암살단

경운궁 중명전
정동제일교회 ⓒ최대원

이 조직된다. 1909년 10월 26일 안중근 의사는 이토 히로부미를 하얼빈에서 처단한다. 을사년 이후 새로운 말이 생겨난다. '을사년스럽다'는 '을씨년스럽다'로 바뀌며 전 국토에서 항일운동이 시작된다.

을사늑약의 부당성을 호소한 고종은 우당 이회영 등과 고민하고 협의한다. 1907년 헤이그 만국평화회의에 특사 3인을 파견해 을사늑약의 부당성을 호소한다. 그러나 헤이그 특사 파견 후 고종은 경운궁 중명전에서 강제 퇴위되어 태황제가 된다.

1907년 7월 20일 순종이 황제로 즉위한다. 하지만 군대도 강제 해산된다. 순종은 창덕궁에서 왕으로 강등되고, 대한제국은 소멸의 길로 간다.

정동은 역사와 문화가 가득한 동네다. 흥선대원군의 개혁정치와 고종의 대한제국 그리고 개항기 세계 열강들의 이야기가 있다. 환구단에서 대한문까지, 경운궁 석조전에서 중명전 지나 돈의문 터까지 정동은 젊은 청년과 남녀 학생들이 교육을 받고 꿈을 키웠던 거리이기도 하다.

시청역 1번 출구로 나오면 경운궁 대한문이 눈에 들어온다. 서울의 중심에 자리잡은 정동, 빌딩과 빌딩 숲 사이에 전통과 현대가 공존하는 정동길 옆 궁담길 따라 걸으며 다시 한번 꿈을 꾸어 보자.

"언젠가는 우리 모두 세월을 따라 떠나가지만 언덕 밑 정동길엔 아직 남아 있어요…"

이문세의 〈광화문 연가〉를 부르며 추억 속으로 들어가 보자. 정동에는 아직 당신의 꿈이 살아 있다.

경운궁 전경

흥청망청의 진원지, 탑골공원

　원각사는 한양도성 안 한복판에 있는 큰 사찰이었다. 600여 년 전 한양에 도읍을 정할 때 종각 옆 너른 들판에 세워졌다. 유교의 나라 중심지에 불교를 표상하는 '원각사'와 '대원각사비'가 있었다니 아이러니하다. 원각사 자리에는 현재 탑골공원이 있다. 탑골공원은 600여 년 동안 역사와 문화의 중심에 있었다. 이제는 원각사지10층석탑만이 탑골공원을 지키고 있다. 아니 탑골공원이 국보인 원각사지10층석탑을 지켜오고 있다. 누가 세웠을까? 4.7m 높이의 보물인 대원각사비 안에 그 내용이 쓰여 있다.

　수양대군 세조는 고려의 남경에 있던 흥복사라는 사찰을 증축해서 새로운 절로 만들었다. 백탑이 있는 곳에 법당인 대광명전과 선당·운집당·해장전을 지었다. 어마어마하게 큰 절이었다. 입구에 해탈문·반야문·적광문 3문을 세우고 커다란 종각도 지었다. 커다란 범종을 만들기 위해 전국에 동 5만 근을 모으도록 했다. 원각사 범종은 숭례문으로 옮겨 놓았다가 다시 보신각으로 이전되었다.

세조는 삼촌인 효령대군의 제안으로 회암사의 석가모니 사리를 가져와 사리탑도 쌓았다. 도성 안 가장 높은 탑을 세우니, 하얀 탑은 백탑(白塔)이라 불리워 한양의 상징이 되었다. 이곳에서 왕실의 안녕을 기원했다. 왕실의 안녕뿐이었을까? 아마도 조카 단종을 폐위하며 자행했던 수많은 죽음들에 대한 미안함도 있었을 것이다. 원각사는 전국의 수많은 사람과 도성 밖 백성들이 지었다. 원각사에 얽힌 슬픈 사연은 원각사지10층석탑과 대원각사비만 알고 있다.

50년 후 연산군은 원각사를 연방원이라는 기방으로 만들고, 흥청 200명의 대기실로 꾸몄다. '흥청망청'이라는 단어도 이때 나오게 되었다. 술과 여자에 빠져 지내던 연산군은 노래 잘 부르고 춤 잘 추는 아름다운 여자들을 궁궐로 뽑아오게 했는데 이 여자들을 '흥청'이라고 불렀다. 백성들은 연산군이 흥청들과 놀아나다 망했다는 뜻으로 '흥청망청'이라는 말을 썼다. 원각사 모든 법당과 건물은 없어지고,

탑골공원의 대원각사비
팔각정

지금은 백탑만 남아 있다.

환구단에서 대한제국을 선포한 고종황제는 최초의 근대식 공원을 만들고 싶었다. 허물어진 원각사 터에 팔각정을 지어 공원으로 꾸미고, 우리나라 최초의 서양음악 공연을 열었다. 또한 1901년 창설한 대한제국 군악대의 음악회도 열었다. 매주 탑골공원에서 양악대의 관현악 음악이 흘러나왔다. 대한제국의 국가인 애국가도 이곳에서 들을 수 있었으니, 1919년 3·1독립만세운동이 탑골공원에서 시작된 것은 당연한 이치였다.

지상 낙원인 탑골공원이 있어 이름지어진 동네 낙원동(樂園洞)의 낙원상가에는 전국 최대 규모의 악기종합상가가 있다. 그 이유는 탑골공원 안에 군악대와 양악대가 있었기 때문이다.

대원각사비 아래 거북이가 미소 지으며 음악 소리를 듣는 이곳은 이제 만남의 장소가 되었다.

대한제국 최초의 국립현충원, 장충단

청계천에서 남쪽을 향해 걷는다. 빌딩 숲 사이로 산이 보이고, 울창한 나무 속에 서울의 상징인 목멱산 N타워가 보인다. 남산으로 알려졌지만 600여 년 전부터 목멱산이었던 산이 눈앞에 있다. 목멱산 봉우리에 봉수대처럼 송신탑이 반짝거린다. 가까이 다가서니 송신탑은 2개다. 양팔을 벌린 듯한 목멱산은 동봉과 서봉 그리고 잠두봉, 총 세 개의 봉우리로 이루어져 있다. 넓게 펼쳐진 동봉과 서봉에 각각 철탑이 높게 세워져 있다. 동봉의 송신탑을 따라 걸으니 장충동 족발집들이 주욱 늘어서 있다. 장충동의 대표 음식이 평안도식 족발과 냉면이다.

도성을 따라 걸으니 남소문 터가 보인다. 그 옛날 도성 밖 한강진으로 배를 타러 갈 때 가장 빠른 관문이었다. 남소문 터는 장충동과 한남동의 경계로 험난한 고갯길이었다. 지금도 걸으면 숨이 턱턱 막히고 힘이 든다. 목멱산 아래에는 도성 수비와 방어를 담당하는 남소영(南小營)이 묵묵히 도성을 지켜왔다.

장충동은 장충단(獎忠壇)에서 유래한 동네 이름이다. 장충단은 대한제국 최초의 국립현충원으로, 한양도성 안 광희문을 지나 남소문 터까지 큰 규모의 제단이었다. 정릉(貞陵) 이후 도성 안에 능과 묘를 쓸 수 없었으나 고종황제는 명성황후를 기리고, 을미왜란과 임오군란 때 나라를 위해 순직한 충신들과 장병들을 추모하기 위해 1900년 남소영에 단을 설치하고, 봄과 가을에 제향을 했다. 충성을 장려한다는 뜻을 지닌 장충단은 군악이 연주되고 조총(弔銃)을 쏘아 제를 올렸던 신성한 공간이었다. 국가 행사가 열렸던 엄숙한 곳이었지만 1905년 을사늑약 이후 일제는 장충단에서 제사 지내는 것을 금지시켰다.

1909년 10월 26일 안중근 의사가 이토 히로부미를 저격한 하얼빈 의거 이후 장충단은 급속히 변해 갔다. 순종이 황태자였을 때 쓴 '獎忠壇(장충단)' 글씨와 을사늑약 때 자결한 민영환이 쓴 143자 찬문

장충단비

이 새겨진 장충단비는 땅속에 묻혀 버렸다. 19번의 제사를 마지막으로 장충단은 이토 히로부미[伊藤博文]를 추모하는 '박문사(博文祠)' 사당이 되었다. 일제는 제단을 헐고 수천 그루의 벚꽃나무를 목멱산 순환도로에서 장충단까지 심고, 연못과 놀이터를 만들어 공원으로 전락시켜 버렸다.

장충단은 지금 크기의 10배 정도였다. 동대입구역 6번 출구 앞 장충단비에서 수표교, 남소문동천을 따라 리틀야구장, 국립극장까지 목멱산 동봉 아래가 장충단의 절반이다. 도로 건너 반얀트리와 자유센터, 서울클럽과 신라호텔 그리고 장충체육관까지가 본래의 장충단이었다.

장충단에는 서울시 유형문화재 1호인 장충단비(獎忠壇碑)가 있다. 1907년 헤이그 특사로 파견되었으나, 헤이그 만국평화회의에 끝내 참석이 거부된 후 순국한 일성 이준 열사 상이 있다. 또한 '지름', '반올림', '마름모꼴', '꽃잎' 등 우리말을 생활화시킨 한글학자 외솔 최현배 선생 상과 유관순 열사 상까지 지붕 없는 역사박물관이자 살아 숨 쉬는 역사 교과서 같은 공간이다. 어제와 달라진 오늘, 오늘보다 희망찬 내일을 기대하며 장충단 길을 걷는다.

5

위인의 흔적 찾아
도심 속으로

종로

충무로

경교장

딜쿠샤

종로에 울리는 녹두장군의 노래

　종로는 600여 년 전 한양도성의 중심이었다. 종로에는 종묘와 사직단, 경복궁과 동궐인 창덕궁, 창경궁 그리고 서궐인 경희궁이 있다. 한양도성의 한가운데에 종각이 있어 종로라 했다. 도성 안과 밖 하루의 시작과 끝을 알리는 종소리가 울리는 곳이 바로 종각이었다. 종각은 시간을 알리고, 만남의 광장 역할도 하였다. 그 옛날 저녁 10시 인정(人定)이 되면 28번 종을 친 후 사대문과 사소문을 닫았고, 새벽 4시 파루(罷漏)에는 33번 종소리가 울린 후 도성 문을 열었다. 종각은 여러 차례 화재와 중건을 거쳐 1895년 보신각(普信閣)이라는 현액이 걸린 이후 이름이 바뀌었다.

보신각

종로는 사람들이 구름처럼 모이고, 종각 주변에 시전(市廛)이 있어 운종가(雲從街)라 불렸다. 북촌과 서촌 그리고 익선동에는 한옥이 많고, 고층빌딩과 상가도 많아 전통과 현대가 공존하는 유서 깊은 동네다. 종로는 서울의 대표적인 도로이며, 대한민국 정치 1번지이자 경제 중심지다. 대한민국 최초의 영화관인 단성사가 있었고, 악기 상점의 중심지인 낙원상가도 있다. 종로에는 경복궁에서 탑골공원 사이 최고의 관광지인 인사동도 있다. 보신각에서 흥인지문까지 종로가 펼쳐진다. 광화문에서 오간수문을 따라 청계천이 흐른다. 종로를 걷다 보면 광장시장이 보인다. 한복 주단과 양복 원단은 모두 광장시장에서 팔았다.

사람마다 입맛과 추억이 다르지만 광장시장에 가면 가장 먹고 싶은 것은 아마 녹두 빈대떡일 것이다. 비 오는 날 빈대떡 한 장에 막걸리 한 사발이면 행복하다. 녹두 빈대떡에 들어가는 녹두는 작지만 옹골차다. 녹두꽃이 피어야 녹두를 수확할 수 있다. 녹두가 좋아야 녹두전도 맛있다. 녹두전을 먹은 후 청계천 물길을 거슬러 오가는 사람들을 보며 모전교에서 광교까지 걸어 보자.

보신각에서 종각역을 바라보면 전봉준 장군이 앉아 있다. 매서운 눈빛, 꼿꼿한 허리, 불끈 주먹을 쥔 채 오른손을 바닥에 대고 앉아 있다. 전봉준 장군은 전라북도 정읍에서 회문산을 넘다가 순창 쌍치 피노리에서 김경천의 밀고로 붙잡혀 도성 안으로 압송되었다. 종각이 있는 이곳이 전옥서로 옛 감옥터다. 1895년 전옥서에서 속전속결로 첫 재판을 받고, 한밤중에 종로 한복판에서 손화중, 최경선, 성두환, 김덕명과 함께 교수형을 당했다.

"새야 새야 파랑새야 녹두밭에 앉지 마라. 녹두꽃이 떨어지면 청포장수 울고 간다~"

〈파랑새〉 노랫소리가 종각 안 연두색 나뭇잎에 울려 퍼졌다. 127

녹두장군 전봉준 상

년 전 전봉준은 종각에서 41세의 나이로 별이 되었다. 시간은 흘러 2018년 종각역 5번과 6번 출구 사이 녹두장군 전봉준 상이 세워졌다. 이곳은 전봉준 거리다. 보신각 건너 탑골공원과 낙원상가를 지나 수운회관까지는 동학의 길이자 전봉준 장군을 기리는 기억의 길이다. 수운 최제우에서 해월 최시형 그리고 녹두 전봉준까지 동학의 정신이 흐르는 곳이다.

"사람이 곧 하늘이다(人乃天)!"

오늘 그 함성이 들리는 듯하다. 보신각 종이 울리면 녹두장군 전봉준 상이 웃는다.

제야의 종소리가 울려 퍼지는 곳이 보신각이 있는 종로다. 하지만 코로나19로 보신각의 종소리도 멈춰 버렸다. 다시 보신각의 종소리를 듣고 싶다. 종로가 깨어나는 시각, 보신각의 33번 종소리가 한반도에 다시 울려 퍼질 때 대한민국의 중심 종로를 함께 손잡고 걸어가 보자.

충무공의 이름만 남은 충무로

충무로는 한때 영화의 메카였다. 충무로 길가에는 대형 영화관과 영화제작사 그리고 영화 필름 가게와 인쇄소가 즐비했다. 충무로역 앞 대한극장과 을지로3가역 명보극장 그리고 스카라극장과 중앙극장까지 충무로는 영화의 거리였다. 하지만 지금의 충무로는 대한극장만이 명맥을 유지한 채 모두 멀티플렉스관에 자리를 내주었다. 영화처럼 세월도 쏜살같이 흘러간다.

충무로는 일제강점기 '혼마치(本町)'로 청계천 아래 일본 상인들의 상업 중심지였다. 이곳은 '마른내'라 불리는 작은 실개천이 흘렀다. 비가 오면 목멱산에서 내려오는 물줄기로 냇물이 되고, 고갯길은 질

척질척한 진고개가 되었다.

비가 오지 않으면 물이 흐르지 않는 건천이었다. 마른내길은 중앙극장이 있는 저동에서 광희문을 지나 신당동까지 1.7km 이어진 청계천 아래 긴 물길이자 옛길이다. 마른내길은 도성 안 율곡로, 종로, 청계로, 을지로, 퇴계로와 함께 사대문을 지나는 6대 간선도로 중 하나였다.

마른내가 있어서 붙여진 옛 이름이 건천동(乾川洞)이다. 건천동에서 태어난 위인은 '충무공 이순신 장군'과 '서애 유성룡'이다. 이순신은 마른내에서 말을 타고 활쏘기를 하며 무예를 배웠고, 무과 시험에 임했다. 시험을 보다가 말에서 떨어진 이순신이 버드나무 가지를 꺾어 껍질을 벗겨내 다친 다리를 감쌌다는 일화는 유명하다.

유년시절 유성룡과 함께 책을 읽고, 뛰놀던 곳이 필동에서 건천동까지다. 충무공 이순신 생가터가 바로 이곳에 있다. 일본 상인들의 중심지였던 이곳을 충무공의 이름으로 다시 한번 불러주니 '충무로'에 활기가 돈다.

하지만 아쉽게도 충무로, 을지로 어디에서도 충무공 이순신 장군의 흔적을 만날 순 없다. 임진왜란과 정유재란 때 나라를 구하는 큰 공을 세웠지만 충무로와 충무로역이라는 이름만 남아 있을 뿐이다.

충무공 이순신 생가터

충무로에는 이순신 생가터 표지가 두 군데 있다. 1985년 서울시에서 명보극장 앞 대로변에 '충무공 이순신 생가터' 표지석을 설치했다. 스카라극장과 명보극장에 오는 수많은 관객들에게 알리려고 번화한 곳에 설치했던 것이다. 하지만 여러 학회와 단체는 연구와 답사를 통해 기존 표지석에서 동쪽으로 약 300m 더 가면 나오는 을지로 인쇄 골목길 쪽이 정확한 생가터라고 주장했다. 마침내 2017년 4월 28일 충무공 이순신 탄신일에 주물 동판으로 안내판을 부착

했다.

영화의 거리 충무로에 영화관은 없고 포스터만 나부낀다. 충무로에는 충무공 이순신의 생가도 없고 동상도 없다. 충무공 이순신 생가터 안내판만이 노량해전의 마지막 순간처럼 쓸쓸하게 붙어 있다.

백범 김구의 순례길, 경교장

인왕산 자락 성곽을 걷다 보면 어느새 궁이 보이고 궐과 궐 사이에 문이 보인다. 경희궁 정문인 흥화문은 왠지 초라하고 외롭게 서 있다. 그 자리 그대로였을까? 서궐로 불리었던 경희궁의 웅장함이 없다.

이른 새벽 아직은 쌀쌀하다. 입춘과 우수가 지났지만 봄이 아니다. 경희궁 흥화문에 들어서니 궁 안은 인적도 없이 고요하다. 굳게 닫힌 숭정문 뒤로 정조의 즉위식이 열렸던 숭정전도 보인다. 그런데 경희궁의 모든 전각은 새롭게 만들어진 모습이다.

그 많던 오래된 건물들은 어디로 갔을까? 경희궁의 정문인 흥화문

경희궁 숭정전

과 정전인 숭정전 그리고 '상서로움이 모인다'는 왕과 왕비의 침전인 회상전도 어디론가 옮겨졌다. 경희궁 후원 뒤로 인왕산 세 봉우리가 날아갈 듯 펼쳐져 있다.

돈화문을 통해 도성 밖으로 나가면 빌딩과 빌딩 사이로 옛 저택이 보인다. 일제강점기 당시 3대 부자였던 최창학의 서양식 건물이다. 1, 2층의 높은 층간과 지하의 넓은 공간은 현대 건축물과 견주어 봐도 손색이 없다. 1938년 지어진 죽첨장(竹添莊)이다. 1945년 11월 상해 임시정부의 요인들이 환국하자 백범 김구에게 집무실 겸 숙소로 사용케 하고 경교장(京橋莊)으로 이름을 바꾸었다. 평동에 있는 경교장은 대한민국 임시정부 마지막 활동 공간이며, 백범 김구는 이곳에서 서거했다.

낙타산 아래 이승만의 이화장, 백악산 아래 김규식의 삼청장, 그리고 인왕산 아래 김구의 경교장은 대한민국 정부수립 이전 3대 역사적 공간이다. 경교는 경기감영 터인 적십자병원 앞 만초천에 놓여진 큰 다리였다. 경구교(京口橋), 경교에서 경교장이라는 이름을 가지게 되었다. 그래서 경교장은 국제사회와 가교 역할을 한 공간이자 건국운동과 통일운동의 성지이다. 또한 민족진영 인사와 국민들의 만남의 장(場)이었다. 이름이 갖는 중요한 뜻을 가슴에 되새기며 경

경교장

교장을 걸어 보자.

인왕산 성곽이 멈추는 곳, 경희궁과 돈의문이 마주하는 곳에 있는 대한민국의 혼이 살아 숨 쉬는 경교장은 거대한 고층빌딩 사이에서 80여 년을 버티고 있다. 근대건축을 보고자 하는 건축학도나 디자이너라면 꼭 가봐야 하는 곳이다. 서울살이 하는 직장인이라면 가까운 이곳에서 소박한 감성을 찾아 보자. 과거나 지금이나 백범 순례길은 사색과 여유를 찾는 길이다. "성공은 원하는 것들을 얻는 것이고, 행복은 얻는 것들을 원하는 것이다"라는 카네기의 말처럼 경교장을 걷다 보면 행복을 보는 눈이 달라질 것이다.

인생길에는 두 갈래가 있다. 가고 싶은 길 그리고 가지 않은 길이다. 멈추지 않는 길 위에서 나의 길을 찾아가 보자.

딜쿠샤의 비밀, 행촌동

인왕산과 목멱산이 보이는 성곽은 용의 꼬리가 춤추듯 펼쳐져 있다. 인왕산에서 돈의문으로 향하는 성곽길에 노란 은행나무 잎이 여기저기 나부껴 도성 안과 밖까지 노랗게 물이 들고 있다. 산 정상에서 내려오는 길은 그다지 험하지 않다.

500여 년을 살아온 은행나무가 마을의 수호신처럼 우뚝 서 있는 이 동네는 행촌동(杏村洞)이다. 세 사람이 손을 잡아도 닿지 않는 은행나무는 누가 심었을까? 은행나무가 심어진 이곳은 행주대첩을 승리로 이끈 도원수 권율 장군의 집터다.

도성 밖 이곳에는 내의원들이 살았는데 은행나무 열매를 약재로 썼다. 권율 장군의 사위가 된 백사 이항복은 도성 안 필운동에 살았다.

은행나무에서 불과 10m 거리에 서양식 근대건축물이 시간이 잠시 멈춘 듯 비장하고 고요하게 서 있다. 지하 1층과 지상 2층 구조로 된 붉은 벽돌집이다. 정초석에는 '딜쿠샤 1923(DILKUSHA 1923)'이라고 새겨져 있다. '기쁨과 이상향, 행복한 마음이 전해지는 꿈의 궁전'이라는 산스크리트어다.

딜쿠샤는 광산 엔지니어이자 UPI 통신원인 앨버트 테일러의 집이었다. 앨버트 테일러는 3·1운동과 독립선언서를 전 세계에 타전한 미국인이다. 3·1운동 후 지방 곳곳에서 이어진 독립운동도 기사화해서 알렸다. 제암리 학살사건도 앨버트 테일러와 스코필드가 있었기에 세상에 알려질 수 있었다.

앨버트 테일러는 일제강점기 사업가로서 그리고 언론인으로서 혹독한 시간을 보냈다. 태평양전쟁이 임박하자 앨버트 테일러는 서대문 형무소에 6개월간 구금되고, 부인 메리 테일러는 '딜쿠샤'에 가택 연금되었다. 이후 강제추방되어 영영 돌아올 수 없는 길을 떠났다.

꽁꽁 묶여 있던 '딜쿠샤의 비밀'은 테일러 부부의 아들 브루스 테일러가 한국에 방문하면서 알려졌다. 브루스 테일러는 1919년 2월 28일 숭례문 밖 세브란스병원에서 독립선언서와 함께 태어났다. 어린 소년은 87세 노구가 되어 책 한 권을 가지고 서울에 돌아왔다.

인왕산 성곽길 따라 제일 높은 곳에 집을 지었던 추억을 되새긴 브루스 테일러는 도성 밖 드넓은 집터 옆 커다란 은행나무와 큰 우물이 있던 15,000여 평 규모의 '딜쿠샤'를 알렸다. 3·1운동 100주년에는 브루스의 딸 제니퍼 테일러가 기증한 유품으로 '딜쿠샤와 호박 목걸이' 전시회도 열었다.

태평양을 건너온 파란 눈을 가진 부부는 '꿈과 희망의 궁전'인 딜쿠샤에서 길을 찾았다. 앨버트 테일러는 미국이 아닌 합정동에 있는 '양화진 외국인선교사 묘원'에 잠들어 있다.

시간이 흘러도 변하지 않는 게 있다. 비바람이 불어도 번개가 쳐도 따뜻한 마음이 있으면 세월을 이겨낼 수 있다. 입동 지나 은행나무의 노란 잎이 모두 떨어져도 봄이 오면 딜쿠샤 옆 은행나무 연두색 싹은 다시 필 것이다. 수백 년을 그랬던 것처럼……

권율 장군 집터의 은행나무
딜쿠샤(DILKUSHA) ⓒ최대원

6

목멱산 따라
용산 여행

목멱산 아래 첫 동네, 후암동

새벽녘 비에 목멱산이 구름에 갇혀 보이지 않는다. 한 치 앞을 볼 수 없는 안개 낀 숭례문 성곽 옆 언덕에 서 있다. 이른 새벽 한양도성의 관문인 숭례문이 굳게 닫혀 있다. 성문이 열리는 시간은 언제일까? 세로로 쓰인 현판의 글씨가 무겁게 느껴진다. 무너진 성벽 사이 길 위의 소나무 몇 그루가 섬 같다. 숭례문에서 소의문으로 가는 길목, 성곽 주변 물을 모아둔 도랑이 해자인 듯 소방수인 듯 궁금하다. 남지(南池)라는 연못 터다. 도성 밖 칠패시장은 사라지고, 도성 안 남대문시장만 새벽부터 북적거린다. 남대문시장과 숭례문 사이 두텁바위 고개로 향한다.

목멱산 잠두봉에서 바라본 후암동

193

목멱산 정상에서 내려온 바람과 한강에서 부는 바람이 소월길에서 잠시 멈춘다. 시원하고 청량하다. 안개가 걷히니 소나무 사이로 목멱산이 살며시 보인다. 해가 뜨려는지 목멱산 잠두봉과 동봉 사이에 햇살이 비친다. 구름에 둘러싸인 아름다운 산과 울창한 숲을 그리고 싶은 아침이다. 숭례문 소월길에서 바라본 목멱산의 해 뜨는 풍경은 가슴을 쿵쾅거리게 한다. 소월길은 도성 안과 도성 밖을 나누는 도로이자 중구와 용산구의 경계다. 진달래와 복숭아꽃이 가득한 목멱산 순환길에는 지혜로운 선인들의 상이 많다. 「진달래꽃」 시로 유명한 소월 김정식의 소월시비, 남산도서관과 용산도서관 사이 퇴계 이황과 다산 정약용 상이 서 있다. 각박한 우리들의 삶에 잠시 위안을 준다.

목멱산 아래 첫 동네가 후암동(厚巖洞)이다. 산 아래 공기 좋고, 만초천의 맑은 물이 흐르는 후암동은 말 그대로 후덕한 동네다. 후암동에는 두텁바위가 있었다. 둥글고 두터운 이 바위가 동네를 지켜왔다. 사람들은 예로부터 이 바위를 찾아 행복과 행운을 기원했다. 두텁바위 전설이 지금껏 신통력을 발휘하고 있는 곳이다.

왕이 궁에서 나와 청계천 광통교 지나 제일 먼저 나서는 문이 숭례문이다. 숭례문 밖 칠패, 청파, 배다리 지나 삼각지를 돌면 동작나

남산도서관 앞 퇴계 이황 선생 상
소월길의 소월시비 ⓒ최대원

루 한강이다. 성문 밖 남관왕묘(남묘,南廟)에 절하고, 국가 제사에 쓸 가축을 기르는 전생서(典牲署)를 지나 남단(南壇)에 제를 지내러 가던 길이 바로 후암동 옛길이다.

후암동은 도성 밖이지만 도성 안과 가깝고 순환도로가 놓여 물류 흐름이 최적이었던 곳이다. 용산역이 생기며 후암동은 새로운 문화 도시로 축이 이동했다. 그리고 용산은 다시 한번 미래의 도시를 꿈 꾸며 꿈틀거리고 있다. 목멱산 아래 첫 동네, 후암동에서 둔지산까 지 바로 걸어 한강에 갈 수 있는 날을 기원해 본다.

용산의 수호신, 이태원 부군당

목멱산 정상에 오르는 길은 곳곳이 단풍으로 물들고 있다. 목멱산 소월길 은행나무는 벌써 잎이 노란색으로 바뀌었다. 케이블카가 지나는 잠두봉은 붉은 잎들이 바람에 춤춘다. 첫 서리가 내리는 상강을 지나니 산과 들이 수채화처럼 변했다.

목멱산 N타워에서 동봉 따라 한강을 보니 이태원 부군당(梨泰院 府君堂)에 우뚝 선 느티나무가 거센 바람에도 흔들림이 없다. 목멱산에서 한강으로 가는 길목, 용산에는 부군당이 많다. 마을의 수호신으로 주민의 안녕과 동네의 번영을 기원하는 부군당은 한강이 보이는 언덕 꼭대기에 서 있다. 용산에 부군당은 왜 이렇게 많을까?

이태원 부군당
서빙고 부군당

바다, 강, 우물, 샘물이 있는 곳에 용이 산다고 믿었다. 물의 신인 용신(龍神)을 한강진에서 용산강까지의 부군당에 모셨고, 해마다 제를 지냈다. 이태원 부군당을 지나 한강으로 가는 길에 보광동 부군당과 김유신 장군 사당이 보인다. 한남동 부군당과 서빙고동 부군당도 이태원 근처에 있다. 서빙고와 동빙고는 조선시대 얼음을 저장하는 창고가 있던 곳이다. 서빙고동 부군당(西氷庫洞府君堂)은 태조 이성계와 신덕왕후 강씨를 모시고 민간신앙으로 마을의 안녕을 비는 공간으로 지금껏 이어져 왔다. 일제강점기 경원선이 지나는 서빙고역이 지어지면서 부군당은 한강변에서 마을로 옮겨졌다.

또한 노인성단과 원구단·영성단·풍운뇌우단은 모두 숭례문 밖 둔지산에서 왕이 직접 하늘에 제를 지내던 곳이었다. 그리고 한강철교가 있는 새남터에서는 죽음 의례 중 규모가 가장 큰 새남굿도 했다. 새남터는 무속과 불교 그리고 유교와 가톨릭의 흔적까지 엿볼 수 있는 곳이다.

한강에서 용두봉으로 가는 길에 용문동 부군당인 '남이 장군 사당'도 있다. 550여 년 전 젊은 남이 장군을 기리는 남이 장군 사당제는 서울시 무형문화재 제20호로 지정되었다. 산천동 부군당에서 꽃을 받아오는 '꽃 받아오기 의례'도 함께 치른다. 산천동의 여신과 용문동의 남이 장군이 결합하여 마을행사를 한다.

마을의 신명과 용산의 미래를 꿈꾸게 하는 행사가 해마다 한강변에서 이루어진다. 목멱산 아래 한강변 동네 주민들이 공동체로서의 결속을 다지고, 부군당의 신이 드신 음식을 함께 나누며 소통하는 마을의 큰 행사이다. 봄에도 가을에도 마을마다 제를 준비한다. 새로 괸 우물물을 길어 '조라술'도 담그고, 무사태평도 빌며 위드 코로나에 건강과 장수까지 기원한다.

당신의 소원은 무엇인가? 이제 마음속에 있는 당신을 따뜻하게 할 시간이다.

해방촌, 젊음의 해방구

녹사평역에서 높은 곳을 향해 올라와 하늘을 보니 청명한 가을 하늘에 하얀 구름이 유유히 떠 있다. 어디로 흘러가는 걸까. 가까이, 더 가까이 볼 수 있는 곳을 찾으니 육교가 보인다. 서울에서 육교가 사라진 지 오래지만 이곳에는 육교가 있다. 용산 미군지기와 이태원을 연결하는 다리다. 육교 위에 오르니 눈앞에 병풍처럼 산이 펼쳐져 있다. 서울의 상징이며 한양도성 남쪽에 있는 목멱산(木覓山)이다. 목멱산 오른쪽 끝이 동봉이요, 왼쪽은 서봉이다. 서봉 송신탑 옆에는 서울의 상징 목멱산 N타워도 구름 아래에 있다.

육교에 올라서서 산을 둘러보니 이곳은 천혜의 요새다. 산바람이 강바람으로 바뀌는 고개로 한풍재라 했다. 산 아래 또 다른 산이 이어져 있고, 언덕을 따라 너른 들판에 낮은 건물들이 용산 미군기지 안에 버티고 있다. 목멱산 동봉에서 내려온 산줄기가 이태원 부군당을 거쳐 용산 미군기지 담벼락 위 둔지산으로 이어진다. 숲이 우거지고 느티나무가 가득한 둔지미 마을이 보이는 것 같다. 목멱산 서봉에서 내려오는 산줄기는 소월길을 따라 해방교회에서 해방촌성당까지 이어져 있다. 보성여중·고등학교 벽돌담과 용산 미군기지 담벼락 사이에 카페들이 즐비하다. 이곳은 젊은이들의 해방구인 해방촌이다.

해방과 함께 만들어진 해방촌에는 한국전쟁 이후 일본, 중국, 만주 그리고 이북에서 자유를 찾는 사람들이 모여들었다. 목멱산과 둔지산 사이 햇살이 가장 많이 비치는 이곳에 정착한 피난민들이 새로운 삶을 꿈꾸며 옹기종기 모여 살았다. 해방촌 사람들은 꿈과 희망을 찾아 해방교회와 해방촌성당을 오갔다. 윤동주 시인과 문익환 목사가 다니던 숭실학교도 해방 후 이곳에 자리잡았다. 1959년 이범선 작가는 해방촌을 무대로 한 소설 『오발탄』을 통해 전쟁 직후 혼란 속에서 방황하는 사람들의 이야기를 그려내며 전쟁의 비극을 조명하기도 했다.

후암동 108계단과 승강기

해방촌 신흥시장

해방촌은 미군기지와 담벼락을 사이에 두고 있다. 담벼락 너머는 알 수도 없고, 갈 수도 없는 미지의 세계다. 해방촌은 미군기지 안 둔지산과 만초천의 역사를 공유할 수 있는 유일한 공간이다. 마치 국경처럼 느껴지는 미군기지의 담벼락 밑에는 옹기 그릇이 줄지어 서 있다. 삭막한 담벼락과 집들이 만나는 지점부터 해방촌의 시작이다.

후암동 108계단을 오르면 1943년 세워진 경성호국신사의 흔적을 만날 수 있다. 과거에는 가쁜 숨을 내쉬며 계단을 올라야 했지만 2018년 계단과 계단 사이에 승강기가 설치되어 이제는 여유롭게 용산 시내를 내려다보며 천천히 시간여행을 할 수 있다.

해방촌 오거리를 넘으면 새롭게 부흥을 꿈꾸는 신흥시장이 있다. 60여 년 전 신흥시장은 니트 공장의 성지로 밤늦게까지 붐볐던 곳이었는데 현재는 꿈과 미래를 설계하는 젊은 청년들의 예술과 창작의 장으로, 문화공간으로 새로운 숨을 불어 넣고 있다. 신흥시장 안에는 60년 동안 묵묵히 국수를 만들어 온 일성상회가 여전히 남아 있다.

해방촌에는 성공을 꿈꾸는 소월길의 젊은 청춘들이 있다. 용산공원에서 담벼락을 따라 목멱산 소월길까지 걸어 보자. 한반도의 배꼽이자 서울의 중심인 용산의 미래가 보인다.

해방촌교회 ⓒ최대원

잃어버린 용산을 찾아서

한양도성의 중심은 청계천이었다. 하지만 해방 후 대한민국 서울의 중심은 한강이 되었다. 서울은 도성 안에서 도성 밖으로 확장되었다.

목멱산에서 둔지산 지나 한강까지 이어지는 용산은 한반도의 배꼽 역할을 했다. 용산은 배산임수를 갖춘 역사적인 땅이다. 한강과 마주한 용산은 역사적으로 외국군이 주둔한 군사적 요충지다. 하지만 120여 년 동안 금단의 땅이 되어 버렸다. 임진왜란으로 왜군, 병자호란으로 청군, 임오군란으로 다시 청군, 청일전쟁과 러일전쟁으로 다시 일본군이 주둔했다가 해방 후에는 미군이 머물던 가슴 아픈 공간이다.

900여 년 전부터 한강변 번화가였던 용산(龍山)은 안평대군의 담담정과 읍청루가 있었던 경치 좋은 명산이었다. 일제는 용산과 마포의 경계로 용머리 같은 언덕이 통행에 불편이 있자 도로 개설 때 읍청루와 별영창을 없앴다.

용산은 도대체 어디에 있는 산일까? 일반적으로 용산이라고 하면 용산 미군기지를 중심으로 삼각지, 용산역, 이태원을 생각한다. 하지만 도봉구에 도봉산이 있고, 관악구에 관악산이 있듯, 용산구에도 용산이 있다. 용산은 용산성당이 있는 야트막한 산이다. 그런데 지도에서도 검색창에서도 찾을 수 없다.

하지만 용산(龍山)이란 지명은 옛 지도에 분명히 있다. 용산은 만초천을 따라 청파동 주교와 효창동 효창원 근처에 있었다. 높지 않은 원효로 언덕에 성심여중·고등학교가 있고, 그 위에 용머리를 닮은 용산이 있다. 77m의 용산은 마포구 도화동과 용산구 산천동의 경계다. 용산은 인왕산과 마주한 안산 산자락으로 조그만 동산들이 서로 연달아 있고, 큰 강을 끼고 풍광이 좋은 언덕배기다.

용산은 왜 용산이라 불렸을까? 한강에 용이 나타났다고 알려지면서부터였다. 양화나루 동쪽 용의 머리 모양을 한 언덕산이 용처럼 한강으로 들어가는 모양새라 용두봉(龍頭峰) 또는 용머리 고개라 했다.

용이 살던 곳일까, 용이 나타날 곳일까. 궁금증을 풀려고 더 가까이 가서 멀리 산줄기를 바라본다. 용산과 연결되는 산자락은 누가 보아도 산세가 좋다. 인왕산과 마주보는 안산에서 산자락을 따라가니 약현이라 불렸던 곳에 중림동 약현성당이 자리잡고 있다. 이 자리에 왜 우리나라 최초의 성당이 세워졌는지 이해가 된다. 약현성당 언덕에서 내려다보면 서울의 관문인 숭례문까지 한눈에 들어온다. 과연 명당자리다. 산 정상에 오르면 한강 위 노들섬과 밤섬이 보인다. 노량진을 향해 가는 한강철교를 지나 서달산과 병풍처럼 펼쳐진 관악산 봉우리들도 한눈에 보인다.

옛 지도 〈경조오부도〉와 〈한양도성도〉를 보면 한양도성 아래 '용산방'과 '둔지방'이 있다. 용산구에는 목멱산과 둔지산, 용산 세 개의 명산이 있다. 그 중심에 용산팔경의 하나인 만초천이 흐른다. 지금은 복개되어 보이지 않지만 맑은 물소리의 주인이 만초천이다. 한반도의 젖줄인 만초천은 인왕산과 안산에서 흘러 내려온 7.7km 물줄기이며, 만초천과 한강이 만나는 곳을 '용산강'이라 불렀다. 만초천과 용산강이 만나는 원효대교 근처에 용산이 있다. 용산강은 서

용산강

강, 마포, 양화진과 함께 한강을 통한 물산의 집결지였다. 600여 년 전부터 용산에 군량미 조달을 위한 둔전과 세곡선에서 내린 곡물 창고가 있었다. 용산은 물류와 교통의 중심지였다. 옛 지도와 우리나라 철도 지도를 보면 그 안에 답이 있다.

미군기지 안에 갇힌 둔지산

만초천 우측에 기와를 구웠던 와서와 제사용으로 키웠던 염소와 소를 관리하는 전생서 및 남단이 있던 둔지방이 있다. 미군기지 안에 있는 둔지방은 둔지미 마을이라는 넓은 마을이었다. 수백 년 된 느티나무가 마을의 수호신처럼 산 아래 있다. 71m 둔지산(屯芝山)은 목멱산 동봉에서 이태원 부군당을 거쳐 한강까지 내려와 국립중앙박물관이 있는 곳까지이다.

옛 둔지산에는 누가 살았을까? 김홍도의 스승이자 시·서·화 삼절로 널리 알려진 표암 강세황이 이곳에 살면서 글을 읽고 그림을 그렸다. 둔지산 아래 정자를 짓고, 목멱산을 보며 삼각산의 가을 풍경도 담았다. 그림 속에는 만초천에 흐르는 물소리, 목멱산에서 나무 사이로 들려오는 바람 소리가 담겨 있다.

국립중앙박물관에서 바라본 둔지산

230여 년 전 강세황이 그린 〈남산여삼각산도(南山與三角山圖)〉 그림 속 마을이 둔지미 마을 안 정자동(亭子洞)이다. 현재 국립중앙박물관 계단 위에서 바라보는 미군기지 안 산 아래가 정자동이다. 수백 년 된 아름드리 느티나무도 그림 속에 있다. 역사 속에서 만날 수 있던 동네였지만 120여 년 동안 쉽게 다가설 수 없었던 곳이었기에 더욱 궁금하다.

백악산을 주산으로 인왕산과 안산 그리고 목멱산이 빌딩과 빌딩 숲에 살포시 이어져 있어 서울이 마치 산처럼 보인다. 용산과 둔지산은 바다에서 한강진까지 올 수 있는 수운의 최적지다. 천혜의 요새라 러일전쟁 후 일제는 목멱산과 한강 사이 낮은 구릉지대 약 300만 평을 강제로 빼앗아 조선주차군 사령부의 주둔지로 사용했다.

제물포에서 용산역까지 만들어진 철길은 경인선과 경부선 그리고 경원선까지 연결되었다. 이촌역을 지나 서빙고역으로 가기 전 화물열차도 이곳에 머물렀다. 이 언덕에 사령부가 있었고, 총독부 관저도 있었다.

둔지산의 시계는 멈춰 섰다. 해방 후 미군기지가 된 이후 버스와 자동차, 사람들은 해방촌과 미군기지 사이의 높은 담벼락을 넘지 못하고 무심히 지나쳤다. 하지만 목멱산 물길을 막을 순 없었다. 만초천은 둔지산 물길과 몰래 만나고 있다.

무한한 잠재력을 지닌 용산과 둔지산을 누구나 쉽게 찾을 수 있도록 서울 지도에 표시해 두면 어떨까? 용산에 꿀벌이 오가고, 만초천에 천연기념물 수달이 찾는 생태도시 용산을 다시 디자인해야 할 시간이다. 100년을 바라보는 새로운 시작, 새로운 만남의 장인 용산이 우리에게 손짓한다.

도성 밖 추모공간, 효창원

목멱산 백범광장 근처 성곽에 걸터앉아 붉게 물든 한강을 바라본다. 해방촌과 후암동의 경계인 미군기지 담벼락을 따라 철길이 보인다. 기차가 서울역에서 용산역을 향해 지나간 후 빌딩 숲 사이 초록색 동산이 눈앞에 펼쳐진다. 인왕산과 안산의 산줄기가 만리재를 따라 숲속에 멈춘다. 목멱산에서 만초천 물길 따라 하염없이 걷는다. 무악재에서 발원한 만초천은 독립문 지나 서소문역사공원 앞을 돌아 청파동까지 굽이굽이 흐른다.

청파동 배다리 터에서 만리재를 보면 야트막한 산이 힐끗 보인다. 인왕산과 안산에서 약현을 지나 만리현까지 이어지는 산자락이다.

용이 살아 한강으로 들어갔다 해서 용두봉이라 불렀던 용산(龍山) 줄기다.

효창동에 있는 효창원은 230여 년 전 도성 밖 한강이 보이는 야트막한 산이었다. 옛 용산(龍山)이다. 양지바른 산마루에 능 같은 묘가 있다. 효창원은 정조의 맏아들인 문효세자의 묘다. 맏아들 문효세자와 생모인 의빈 성씨가 같은 해 같은 곳에 잠들었다. 정조는 도성 밖 가장 가까운 곳에 묘를 썼다. 수원화성으로 가는 길목이자 소나무 숲이 우거진 송림(松林)이었다. 문효세자는 조선왕조 역사상 가장 어린 나이인 22개월 만에 세자로 책봉되었지만 홍역으로 5세에 숨진 후 이곳에 잠들었다. 수원화성을 짓고, 수도를 설계한 정조는 아버지 사도세자를 현륭원에 묻었듯, 맏아들 문효세자를 효창원에 묻었다. 효창원은 도성 밖 가장 가까운 추모공간이다.

효창원은 청일전쟁 때 일본군이 효창원 안 만리창(萬里倉)에서 야영과 숙영을 하며 군사기지로 사용했다. 강화도를 통해 서울로 향하는 유일한 뱃길이었기 때문이다. 일본군은 효창원을 병참기지로 만들고, 구용산고지(舊龍山高地)라 하여 목멱산에서 둔지산까지 군영지로 바꾸어 버렸다. 1944년에는 문효세자의 묘를 고양 서삼릉으로 이장한 후 순환도로를 만들고 공원화했다. 효창원은 효창공원으로

효창원 의열사
삼의사 묘와 안중근 의사 가묘

전락해 버리고 말았다. 사직단이 사직공원으로, 삼청단이 삼청공원으로, 장충단이 장충단공원으로 격하되었다.

해방 후 백범 김구가 이곳을 독립운동가 묘역으로 조성해서 국립 묘역이 되었다. 그리고 이봉창, 윤봉길, 백정기 의사의 유해를 송환하여 '삼의사 묘'를 만들었다. 효창원 북쪽에는 1949년 6월 26일 경교장에서 암살당한 백범 김구 선생과 최준례 여사가 잠들어 있다. 효창원 동쪽 언덕에는 대한민국임시정부 요인 이동녕, 조성환, 차리석 선생의 묘가 있다. 독립운동가 1만5천여 명을 대표하는 7인을 기리는 '의열사'도 만날 수 있는 추모의 공간이다. 안중근 의사의 가묘도 만들어 숨 쉬는 역사의 현장으로 만들었다. 그래서 효창원은 몸과 마음을 바친 독립운동가들의 정신을 되찾는 곳이 되었다.

효창운동장의 함성 소리에 목멱산에서 한강으로 흘러가는 만초천의 물소리가 들린다. 효창원이 깨어나고 있다.

성지순례의 산책로, 새남터

숭례문과 소의문 사이 염천교를 지나면 작은 언덕이 보인다. 빌딩과 빌딩으로 덮여 있지만 붉은 벽돌 건물이 살포시 보이는 곳이 바로 서소문 밖 약현성당이다. 수많은 사람이 형장의 이슬로 사라져 간 곳이다. 유교 경전인 오경 중 『예기』에 "형장은 사직단 우측에 있어야 한다"고 했다. 경복궁과 경희궁 사이 사직단 우측이 서소문 밖 처형장으로 도성 밖 가장 가까운 순교성지이다. 서소문 밖은 600여 년 전부터 한양의 공개적인 처형지였다. 대한민국 최대의 순교성지인 서소문역사공원을 지나면 순교성지가 3곳 더 있다.

1801년 신유박해 때 서소문 밖 처형장에서 순교가 시작되었다.

정조가 죽은 후 정약용 형제들과 친인척들이 목숨을 잃었다. 1839년 기해박해와 1866년 병인박해 때도 천주교 신자들이 처형된 곳이다. 중림동 약현성당에는 서소문 순교성지 전시관과 서소문 순교성지 현양탑이 그들을 기리고 있다. 1839년 천주교 신자에 대한 처형은 청파역 지나 당고개에서도 행해졌다. 칠패시장 근처 상인들이 설 대목장을 피해달라는 요청에 따라 처형장이 당고개로 옮겨진 것이다.

우리나라 최초의 신학생이자 '땀의 순교자'인 토마스 최양업의 어머니 이성례 마리아 등 10명이 당고개에서 순교했다. 신계역사공원에 위치한 당고개 순교성지는 높은 아파트 숲속에 있지만 엄숙한 공간이다. 공원 안으로 들어가면 보이는 한옥 양식의 성당은 황토 흙과 돌을 이용해 성벽처럼 쌓아 전통적이면서도 독특한 분위기를 풍긴다. 돌담 주변에는 순교자들을 형상화한 조형물이 있다. 교황청이 심사를 통해 인정한 성덕이 뛰어나고 공경의 대상이 되는 사람들을 타일 그림으로 표현해 놓은 '십자가의 길'도 있다. 성지순례길처럼 걸을 수 있는 산책로가 조성되어 있으니 한번 걸어 보자.

순례길 따라 걸으면 한강이 나온다. 이곳은 노들강변 얕은 모래언덕에 억새와 나무들이 많아 '새남터'라 했다. 어쩌면 새롭게 태어

새남터 순교성지의 새남터성당과 김대건 안드레아 신부 상

나는 곳이라 '새남'터라 부르는지도 모른다. 한강변 새남터는 천주교 성직자와 신부들이 많이 순교한 곳이다. 600여 년 전부터 군사훈련장으로 사용되었으며, 사육신과 남이 장군도 이곳에서 처형되었다. 새남터의 첫 순교자는 신유박해 때 순교한 주문모 신부다. 기해박해 때 조선교구장 앵베르 주교와 모방 신부, 샤스탕 신부도 이곳에서 순교했다.

용산구 이촌동 한강철교 북단 인근에 기와를 얹은 3층 한옥이 새남터성당이다. 성당 한편에는 25세의 젊은 청년 '피의 순교자' 김대건 안드레아 신부가 한복을 입고 서 있다. 병오박해 때 우리나라 최초의 신부인 김대건 신부도 새남터에서 순교했다.

굴곡진 삶의 이야기가 용산과 한강변에 숨어 있다.

한강(漢江) 아리랑

아리랑 아리랑 아라리오
산을 넘어 고개 넘어
강물 따라 내려간다

아리 아리랑 쓰리 쓰리랑

아리랑 고개 넘고 넘어
쓰리랑 고개 넘고 넘어
님 찾아 꿈 찾아 넘어간다

아리아리 아라리오

남한산성(南漢山城) 넘고 넘어

이성산성(二聖山城) 돌고 돌아

한강 따라 배를 타네

이 강 따라 내려가면

광나루 옆 송파나루

이 강 건너 멈추어라

가슴 아픈 삼전도(三田渡)라

물결 따라 강물 저어

배를 타고 내려간다

님을 찾아 꿈을 찾아

아리랑 아리랑 아라리오

응봉(鷹峰)에 봄이 오니

노란꽃이 개나리요

연분홍꽃 진달래라

아리 아리랑 쓰리 아리랑

님이 날 기다리네

중랑천 굽이굽이 물결 따라

한강물과 어우러져 두모포(豆毛浦)

흘러흘러 구슬처럼 옥수되네

아리 아리랑 쓰리 쓰리랑

잔잔한 강물 호수 같고

동호(東湖) 지나 압구정

목멱산 경봉수 소식 따라

경강(京江)에 배들 모여드네

아리아리 아라리오

물결 따라 강물 따라 동작진 지나

용산강(龍山江) 도성 아래 십리길

만초천(蔓草川) 모여 잔잔한 물결

아리랑 아리랑 아라리오

용머리 고개 넘어 나풀나풀 물결

밤섬 옆 서강(西江)인가 율도 옆 샛강인가

아리 아리랑 쓰리 쓰리랑

양화나루 잠두봉(蠶頭峰)에 나룻배 가득

버들꽃잎 한강물에 흘러흘러 내려가니

난지도로 가기 전에 홍제천물 모래내로

아리아리 아라리오 아리랑 고개 넘어

양천 궁산 소악루에 햇빛 따라 오르니

굽이굽이 한강물이 행호(杏湖)까지 다다르네

창릉천(昌陵川)물 어디에서 흘러오나

아리랑 아리랑 아라리오

행주산성(幸州山城) 대첩비 한강 보고 우뚝

피에 물든 칡꽃향기 나를 보고 방긋

아리랑 고개 넘어 덕양산 정상 올라

아리 아리 아라리오

교하가 눈앞이오 아미섬이 출렁출렁

임진강과 한강이 만나 교하(交河) 물결

김포 통진 염하(鹽河) 바닷물 강물같네

예성강물 만나는 곳 한강 마지막 물길

강화도성 지킨 님아 한강마저 지켜다오

아리아리 아라리오

아리랑 고개로 넘어가네

산 넘고 강 따라 물 따라 한강 팔백리

두물머리 맑은 물 강화(江華)까지 흘러흘러

강 따라 구름 따라 바람 되고

천 따라 돌고 도니 바다일세

산 넘고 성 넘어 물 따라 여기

돌고 돌아 찾아오니 아리랑 노랫소리

나룻배 닿는 포구마다 솟구치는 사람들

한반도 젖줄이 한강이오 힘줄은 아리랑

아리랑 아리랑 아라리오

한강 물에 삶을 띄우니

아리아리 아라리오

아리랑에 지혜를 담네